百世兵家之師

孫武

著書立說，進獻兵法，率軍破楚，北威齊晉，南服越人，顯名諸侯！

東方兵學創造鼻祖
古代第一兵書作者

兵學聖典×古代第一兵書
中國兵家經典《孫子兵法》

其所蘊涵的軍事謀略思想和偉大的哲理，
在戰爭史、哲學史及文化史上
永遠綻放著璀璨的光芒！

「國之大事，死生之地，存亡之道，不可不察也。」

岳展翯，熊偉 編著

目錄

目錄

目錄

序

　　孫武，字長卿，春秋時期齊國樂安人，即今山東省廣饒縣人，約生於西元前 552 年，具體的生卒年月日不可考。他是孫書的嫡孫，孫書伐莒有功，被齊景公封食樂安後，孫武一直在樂安生活，並著兵法十三篇，共五千餘言。

　　但孫武生活的齊國，內部矛盾重重，危機四伏，四大家族相互之間爭權奪利的鬥爭，愈演愈烈。孫武對這種內部鬥爭極其反感，不願糾纏其中，萌生了遠奔他鄉、另謀出路去施展自己才能的念頭。

　　當時南方的吳國自壽夢稱王以來，聯合多國諸侯伐楚，國勢強盛，很有新興氣象。孫武認定吳國是他理想的施展才能和實現抱負的地方。

　　西元前 512 年，孫武毅然投奔了吳國，從清代在濟南東之濟水旁出土的孫武私印證實，孫武是從樂安故城乘船，順濟水由濟南東面的章丘市轉而奔吳的，他當時年齡在 40 歲左右。

　　到了吳國，在伍子胥的推薦下，他向吳王闔閭進獻了兵法，被吳王任命為客卿將軍。

　　孫武領兵打仗，戰無不勝，攻無不克，與伍子胥率吳軍破楚，五戰五捷，他曾率兵 6 萬打敗楚國 20 萬大軍，攻入楚國郢都，北威齊晉，南服越人，顯名諸侯。

　　孫武除了為吳國攻城陷地，扶保吳王成為春秋霸主之外，最大的成就和貢獻就是《孫子兵法》了。這是中國最早的兵法，全書共十三篇。

　　作者在古代論戰爭觀基礎上強調主觀性，用古樸的辯證法觀察和運用戰爭規律，承認戰爭中矛盾的普遍性和特殊性。

序

　　孫武採取從現象到本質的分析方法，得出「知己知彼，百戰不殆」、「攻其不備，出其不意」、「以逸待勞，以飽待飢」等著名論斷，成為兩千多年來的軍事主要思想，具有兵學聖典和世界古代第一兵書之稱。

　　書中的語言敘述簡潔，內容也很有哲理性，後來的很多將領用兵都受到了該書的影響，《孫子兵法》是中國兵書寶庫中的一顆明珠，是前人為我們留下的極為寶貴的遺產。

　　孫武被後人尊稱為孫子、孫武子、兵聖、百世兵家之師、東方兵學的鼻祖。孫武所著的《孫子兵法》被譽為「兵學聖典」，置於《武經七書》之首。

　　《孫子兵法》問世以後，一直受到中外軍事學界的高度重視。《孫子兵法》在唐代時就傳入了日本，被譽為東方兵家鼻祖。當時不同的版本就有一百六十餘種，它還被譯為英文、法文、德文、日文，成為國際間最著名的兵學典範之書。

　　《孫子兵法》揭示了戰爭的普遍規律，因此，第二次世界大戰以來，海內外許多軍政要員都把《孫子兵法》視為克敵制勝的法寶。

出身軍事世家

孫武的遠祖其實並不姓孫，而是姓陳。是春秋時期陳國公子陳完的後代。

孫武的遠祖是有著皇室血統的虞舜後代虞閼父，當時他是周朝的陶正，也就是負責整個朝廷陶器製作的官職。

由於虞閼父製造技術精湛，德高望重，備受人們的愛戴，也得到了周武王的賞識。

於是，周武王把自己的長女許給虞閼父的兒子滿為妻，而且把刈蒿一帶，即今河南淮陽的土地封給他，建立陳國。

陳國的領域，包括今河南的東部及安徽的北部，國都是陳，在今天的河南淮陽一帶。

此後，虞閼父因為被封在陳地，所建的方國也叫陳國，他的子孫後代也以國名為姓氏，即姓陳。

當時，政治、經濟的空前發展，打破了原有的國、野區劃，井田的土地制度模式、奴隸制的政治體系此時瓦解。

最為強大的周朝統一了王權，這時政治穩定，經濟發展，出現了歷史上的一個和平時期。

西元前 734 年，鄭莊公首先打敗了企圖造反的弟弟大叔段，以求加強自己的權利，鞏固自己的政權。之後，鄭莊公又聯合了齊、魯等小國兼併了許國。

鄭國的勢力一時空前強大，成為眾諸侯國親近的對象，先後就有魯、宋、齊等國來獻媚，更加助長鄭國獨霸王室的野心。

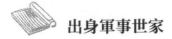

西元前 707 年，強大的鄭國與本來占有主要地位的周王朝的矛盾激化，雙方兵刃相見，戰火熊熊，一場大戰即將爆發。

這時，陳國不得不聽從周王的調遣，也聯合了周邊的蔡、衛等國的軍隊一起，在周王的領導下討伐鄭國。

周鄭在繻葛即今河南長葛縣展開了激烈的戰爭，但由於周鄭雙方力量懸殊，只能以周的慘敗而告終。

這一戰，不僅代表著周王權的徹底淪落，也為春秋時期諸侯的激烈爭霸拉開了序幕。

不久之後，先後崛起了齊、秦、晉、楚等較強的諸侯國，他們勵精圖治，積極從事霸業。

當陳國君位傳至陳桓公時，陳國發生了內亂。陳桓公的弟弟殺了兄長陳桓公，篡奪了君位，自立為王，史稱陳厲公。

西元前 705 年秋，這一天秋高氣爽，晴空萬里，晴好的天氣並沒有讓陳國的第十二代君王陳厲公心情舒暢。

想想陳國在繻葛的慘敗，想想目前中原迅速崛起的齊、秦、晉、楚，都虎視眈眈地盯著對方，隨時準備吞掉對方的土地，如此險惡的形勢，怎能不叫人憂心忡忡？

就在這時，陳厲公的兒子誕生了。

在這個動盪不安、戰爭頻繁的時代，不知自己這個兒子的誕生是喜是憂？

陳厲公雖不知這個兒子將來的命運如何，可依然對他愛如至寶。

在為兒子慶祝生日的時候，陳厲公不像以往為王子慶生日那樣有喜慶的音樂、美麗的煙花，而是擺香設壇，祭祀祖先，群臣朝賀，祭祀了幾天幾夜。

一天，周朝的太史，也就是掌管王室文件起草、諸侯大夫策命、史書整

理編纂的世襲官職，途經陳國，看到陳國如此隆重祭掃，就進表以示祝賀。

由於太史兼管國家典籍、天文曆法、祭祀占卜等項工作，陳厲公想借此詢問一下兒子的將來。

周太史起卦占卜，結果令所有的人大喜。

因為周太史非常高興地告訴陳厲公說 ：「貴公子是富貴命，可用之才，且將來他的子孫還有做國君的可能。」

陳厲公大喜，他將兒子取名為完，字敬仲。陳完長大後，才華橫溢，風度翩翩，做事有禮有節，謙虛謹慎。

幾年後，陳桓公的小兒子陳林替父報仇，殺害了陳厲公一家。在這一場災變中，陳完僥倖逃過一劫。

不久之後，陳林即位，也就是陳宣公，他的長子禦寇被封為太子，準備將來接替他的王位。

西元前 672 年，陳宣公的寵妃為他生了一個兒子。為討好寵妃，陳宣公廢嫡立庶，另立寵妃生的兒子為太子。

太子禦寇十分不滿，野心勃勃，預謀造反，以奪王位。不料造反失敗，反而被父親殺死。

陳完是陳厲公的大兒子，又是太子禦寇生前的知己好友，在太子被殺後，他預感到大禍即將殃及自己，甚至很可能有生命危險。

陳完認為 ：自己如果繼續留在陳國，即使倖免逃過這一劫，以後也只會受欺受辱，三十六計走為上策。

陳完目睹在爭霸中原的角逐中，齊桓公不計前嫌，重用和自己有一箭之仇的管仲為相，君臣同心，勵精圖治，對內整頓朝政，銳意改革，對外尊王攘夷，廣納人才。

陳完到達齊國後，齊桓公見他儀表堂堂，言談不俗，頗有經天緯地之才，而且陳完又是陳國的公子，虞舜的後代，於是齊桓公打算聘他為客

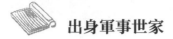

卿，也就是當齊桓公非齊裔的高級幕僚。

但是陳完不願意作客卿，所以他就非常謙遜地謝絕了。齊桓公也沒有勉強，就讓他擔任了管理全國所有的手工製造業的官員，陳完答應了。

陳完在齊國，講仁守義，辦事得體，表現出很高的道德修養。

由於陳完出色的工作和絕佳的人品，齊桓公便賜給他一些田莊，就是在這個時候，陳完開始改姓田。

陳完之所以這麼作為，出於三方面的原因 ：一則為了隱姓避難，二則為了表示對齊桓公賜封田莊的感激，三則當時陳、田二字的讀音差不多，所以改陳完為田完。

田完後來娶了齊國大夫懿仲的女兒為妻，家世逐漸興旺起來，富貴盈門，成為齊國的望族。

田完的兒子名叫田稚，田稚的兒子叫田湣，田湣的兒子是田文子，田文子的兒子就是田桓子，他和自己的父親文子都侍奉齊莊公。

田桓子繼承了田氏家族尚武的遺風，勇武異常，力大無比，受到齊莊公的寵愛和器重。

西元前 549 年，晉國勢力強大，為了鞏固自己的政權，在平陽發動戰爭，攻打齊國。

就在齊國面臨危急的時刻，作為主要將領，田桓子冒著生命危險求助於楚國，終於說服楚國出兵。

之後，齊國聯合楚國，跟晉國在棘澤展開了激烈的戰爭。田桓子親自指揮，發揮了自己高超的軍事才能，使晉軍慘敗。

西元前 532 年，田桓子又率軍討伐欒氏、高氏。當時齊國有田、鮑、欒、高四大族姓，但欒氏、高氏最貪婪無厭，吃喝玩樂，欺負百姓，霸占民地，不得人心，百姓對他們恨之入骨。

田桓子把他們驅逐出齊國之後，百姓安居樂業，也鞏固了自己勢力。

當然，田桓子這麼做不僅可為百姓除害，擴大自己的勢力，也可以收攬民心。

同時，田桓子充分發揮自己的政治領導才能，注意聯合一切可以聯合的力量，順應百姓的意願，有效地分化孤立一些舊的勢力。

田桓子取得了全面的勝利，不僅鞏固了齊國的政權，也擴大了自己的聲譽，得到了君王的讚賞。

田桓子一直當到了大夫的職位，後來，齊莊公還把齊國的莒邑分封給了他。

田桓子有三個兒子：田開、田乞和田書。田開沒有官職，是個平民布衣，他一生主要在柏寢臺活動，曾經為齊景公登臺鼓琴，是齊國有名的樂師。

田乞為齊景公時的大夫，後為宰相。而田書卻繼承了父親統兵禦眾、戰勝攻取的才能。

田桓子視兒子們為掌上明珠，特別是田乞和田書，一人從文，一人善武，各展千秋，成為齊國政壇上最為活躍的力量。

田氏兄弟盡全部的能力輔佐齊景公。齊景公雖然其貌不揚，但善於蒐集人才，非常重視有能力的人才。

田乞是最初侍奉齊景公，後來又成為齊悼公時的國相。他執政期間，為了增加自己的實力，與淫侈殘暴的國君爭民，便採取了與國君相反的執政辦法。

在向民眾收取賦稅時，田乞故意用小斗，而在向民眾放貸時，卻故意用大斗。

當時齊國的土特產如樹木、魚、鹽、蜃、蛤等，在市場上的價格也都

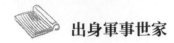

很便宜，這讓當時的平民百姓得到了很多實惠。

　　田家暗中對人民施行的德政，得到人民的擁護。於是民眾像流水般地歸附到田氏門下，連其他地方的人也投奔到了齊國，從而壯大了田氏的力量，田氏家族日益強盛。

　　田書的兒子田憑，在齊景公的時候當上了卿這樣的大官。當時田桓子、田書、田憑，祖孫三代同在朝中為官，而且都是地位顯赫，權傾一時。

田家又添新丁

西元前 552 年，齊國的都城臨淄已發展成一個人口眾多，士、農、工、商各業興旺的城市。

臨淄城西北角有一座高牆大院，建築古樸典雅。這裡就是老將軍田書的家。

這一天，田家的主僕都顯得特別興奮，進進出出，每個人的臉上都掛著笑容。

原來，是五旬開外的田書將軍喜得孫子，這對於一個世代居官的貴族家庭來說，可是一個大事。

田書戎馬一生，為齊國在疆場上奮戰了幾十年。最近，齊國與周邊諸國之間的戰爭烽煙好不容易熄滅了，他在家守著獨生兒子田憑，過了幾年平靜的日子。

這時的田書，一心盼望獨生子田憑早日有個兒子，這樣自己就可以安逸地過幾年孫兒繞膝的幸福生活了。

而且更重要的是，田書幾十年來殫精竭慮創建的功業和豐厚家產，不能後繼無人啊！

兒媳婦沒有辜負公婆的期盼，經過十月懷胎，終於生了個大胖小子。於是，田府上下幾百口人丁為這樁喜事忙得不亦樂乎！

不過這時候，田書和他的兒子田憑還沒有從朝中回家，所以還不知道自己家裡又添新丁的事。

一直到當天的傍晚時分，他們父子才忙完了自己一天的公務，然後兩個人才從朝廷中走出來。

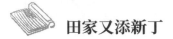

田家又添新丁

父子兩個人還沒坐上自己的馬車，就看到自己家裡的僕人田二在大門外張望，一看兩人出來，趕忙跪下磕頭施禮。

田書問田二說：「有什麼事，這麼著急？」

田二說：「老爺，少爺，少奶奶生了個兒子，老夫人讓給你們送信，讓你們散朝之後，立即回家。」

田書和田憑聽了這個消息，都非常高興，想盡快看看田家這個新的生命。他們坐上車，囑咐車伕快點兒趕回家中。

到家以後，田書非常高興，進了房間後，丫鬟抱著剛剛出生的嬰兒，走到田書父子的面前，說：「老爺，您看，小少爺多麼可愛，看他緊握雙拳，將來肯定是棟梁之才。」

田書望著襁褓中的孫兒，真希望他快快長大，繼承和發揚將門武業，報效國家。

光陰荏苒，轉眼間新生兒就到了滿月，田府迎來了許多賀喜的親朋好友。

另外齊國大小官員也都來賀喜，當時田家擠滿了前來賀喜的官員，田家張燈結綵，專門設酒宴招待前來賀喜的人們。

中午的時候，當時的齊國國君齊景公也專門送來了賀禮，除了田憑的妻子和新生的孩子，田家人全家出門迎接國君派來的使者，並讓使者向齊景公表示感謝。

按照中國古老的風俗，這一天家族輩分最高的年長者要幫新生兒取名，正式列入家譜。這件不尋常的事，自然要由老將軍田書完成。

在熱鬧的喜慶氛圍中，各位親朋按次第在宴席就座之後，老將軍田書端起了酒杯，對大家說：「現在我告訴諸位，我給孫子取的名字就一個字『武』。」

在座的賓客聽後都瞪了眼，老將軍見在場的各位不理解其中的意義，於是就補充說：「武字是由止和戈兩個字組成的，止戈就是停止干戈的意思，停止干戈就是和平的意思。」

眾人說，這個意義深刻。

田書聽了很高興，他接著說：「古兵書上講『武有七德』，即武力可以用來禁止強暴，消滅戰爭，保持強大，鞏固功業，安定百姓，協和大眾和豐富財物。」

其實，這個武字是田書老將軍一個月來冥思苦想的結果，也是他幾十年來歷盡戰亂，看到各諸侯王國之間朝盟夕戰、爭城掠地、士兵血流漂杵後的深刻感悟。

田書老將軍在這沉痛的歷史教訓中總結出一條：只能用戰爭來制止戰爭。

他希望自己的孫兒能繼承自己的事業，長大之後能用正義的戰爭給人間帶來和平安定的生活。

另外，田書還給孫兒取了個字，叫長卿。卿在當時為朝中的大官，與大夫同列。

田書為齊大夫，田憑為齊卿。他們希望孫兒將來也能像他們一樣，在朝中為官，成為國家棟梁。

在田武 1 歲的時候，習武的一生似乎就注定了。

田家對於孩子的第一個生日慶典非常重視，幾乎所有的親朋好友都來表示祝賀。

按照傳統習俗，在生日當天，要用一些具有代表性的物品來預測嬰兒將來的前途，這是一種近乎遊戲式的人生預測。

爺爺按照自己設想的種種願望，把象徵各種職業和人生理想的用品、器具，如從商的錢幣，從政的印璽，從事耕耘的鋤、鏟，從軍的刀槍，還

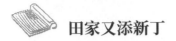
有主軍的兵書、兵器，以及舞文弄墨的筆、書等。

這些東西都堆放在堂屋的大席上，讓田武在蓆子上任意挑揀自己喜歡的東西。

當貼身丫鬟把剛滿週歲的田武放到大席中央時，眾親朋好友都把目光集中在了這個還不明白世事的孩子身上。

田武睜著一雙圓滾滾的大眼睛，對席上所有的東西都充滿了好奇，但又不知所措。

於是，小田武看看周圍的人，瞅瞅席上的東西，坐在原地一動不動，似乎在思索什麼事情，又似乎對什麼東西都不感興趣。

看著孩子這樣，田憑有一些著急，急忙指著席上的東西，示意小田武去拿。

不明事理的田武似乎明白了父親的意思，露出了一絲頑皮的笑容，慢慢地爬過去。

首先吸引他的是錢幣，眾人都笑著點頭，說這孩子將來肯定是個商人。然後田武又慢慢地爬向了印璽，拿起那個沉甸甸的東西，好奇地看著，而後將其塞進了嘴裡，企圖吃掉它。

大家笑起來，都說這孩子將來肯定是一個有名的廚師。

就這樣小田武在這些器物之間爬來爬去，摸摸這個，弄弄那個。

最後小田武爬到祖傳的軍事理論《軍政》竹簡前坐了下來，然後用兩隻小手死死地抱住一卷竹簡，伸著腦袋，張著小嘴狠命地咬竹簡的一角。

田武的憨態逗得眾人大笑不止，父親田憑不冷不熱地說：「這孩子大了一定是個貪吃鬼。」

但是田武的爺爺田書不這樣認為，他捋著鬍鬚含笑說：「說不定能做個大將軍呢！」

從小酷愛聽故事

時光如水，幼小的田武漸漸長大，也懂事起來。

正像田書對自己孫子所希望的那樣，隨著田武的長大，逐漸顯現出對軍事的愛好和特有的天賦。

也許是自幼受到將門家庭的薰陶，田武自幼聰慧睿智，機敏過人，勤奮好學，善於思考，富有創見，而且特別尚武。

週歲後的田武開始在爺爺的牽引下學步，兩三歲時爺爺就教他認識竹簡上的字句，三四歲時爺爺就跟他講述自己親歷的戰爭故事。

田武的祖父和父親都有豐富的戰爭經歷，也有許多打仗謀略方面的經驗。所以，他們經常可以繪聲繪影地給他描繪一些戰爭的場面。

而且，田武的父親和祖父無意中還會跟田武講一些用兵謀略，這些都成為田武步入軍事理論、開始喜歡軍事謀略的扎實基礎。

每當田書、田憑自朝中回到家裡，田武總纏著他們，讓他們給他講故事。他特別喜歡聽打仗的故事，而且百聽不厭。

從虞舜征伐苗黎部族的戰爭，到虞闕父隨周武王滅商的牧野之戰；從齊桓公稱霸到晉、楚爭戰，他都越聽越愛聽。

那些激烈殘酷的戰爭，那些爾虞我詐的計謀，國家之間「大魚吃小魚」的殘酷，將士之間的鬥智鬥勇，士兵身上那種勇武的英雄氣概，在田武的腦海中形成了一幕幕波瀾壯闊的戰爭畫卷，這些使他癡迷，使他激動不已。

尤其是那些統率千軍運籌帷幄、指揮若定臨危不懼的將軍，更讓小田武崇敬和愛戴。

　　田武對爺爺講的戰鬥故事就是聽不夠，有時爺爺講得口乾舌燥，想休息一會兒，他仍然搖動著爺爺的手，苦苦乞求著：「爺爺，再講一個。」

　　時間一長，在一旁侍候田武的奴僕、家丁也都學會了。於是，當祖父和父親不在家時，田武就纏著他們給他講。

　　在幼小的田武心靈中不只崇拜這些戰將和英雄，他還立下誌向，將來一定要成為這樣指揮千軍萬馬的統帥，也像爺爺那樣馳騁沙場，為國家建功立業。

　　田書是田武的第一位啟蒙老師，把他帶進了一個兵法戰爭的世界，而田武的另一位啟蒙老師的作用也不可忽視，那就是田武的親生母親高紅玉。

　　高紅玉不僅發現了與眾不同的田武，而且也給了田武另外一個學習的機會。

　　高紅玉出身名門，受過良好的教育，知書達理，精通琴棋書畫，知識豐富，見多識廣。

　　開始，母親講上古神話給小田武聽，用英雄形象武裝兒子的頭腦，陶冶孩子的情操，豐富他的想像力與創造精神。

　　諸如開天闢地的盤古，銜木石填東海的精衛鳥，煉五彩石補天和團黃土造人的女媧，為繁衍人類而兄妹成親的伏羲和女媧，教人民種五穀的炎帝，為人民造舟車的黃帝，逐日的夸父，移山的愚公，援弓射九日的羿，在外治水 13 年三過家門而不入的大禹。

　　接著高紅玉跟小田武講《詩》，講《禮》，講《書》，講《周易》，教兒子演八卦。

　　還有那些陶冶情操、提高想像力和創造力的智力問題，也深深地吸引著田武，激發著他勤於思考、認真學習的慾望。

　　田武的好奇心很強，經常提一些讓人意想不到的問題。

雖然高紅玉知識豐富，可要解答田武那些突發的奇想，給他一個合理的解釋仍然非常困難。

每當田武睜著好奇的眼睛，問母親盤古開天地的那把大斧是誰製造的？女媧既然是人類的創造者，可為什麼今天女人的地位低下？愚公為什麼不搬家而選擇移山的愚蠢做法呢？

有時，田武的問題，還具有否定聖人的思想，更讓他的母親難以回答。

如黃帝和炎帝既然都那麼偉大，他們為什麼要相互攻伐開戰，團結合作不是更好嗎？

帝俊既然那麼壞，縱十日為惡，降洪水懲罰人類，百發百中的羿，為什麼不一箭將他射死，為天上人間除害呢？

遺憾的是，學問淵博的母親，常常被如飢似渴的孩子問得瞠目結舌，目瞪口呆。

有一次，紅玉兒子講到了嫦娥奔月的故事。

那超塵脫俗的美貌，與后羿之間的愛情，吃仙丹奔月宮，撇下丈夫過孤獨冷清的生活，以及玉帝將她貶成一隻癩蛤蟆的故事。

講完了，高紅玉評論說：美貌如花的仙子一下子被貶為一隻蛤蟆，命運對她太不公平，玉帝太狠心了。

田武卻不同意母親的觀點，反駁說：「后羿射日，拯救人類，背叛天庭，是英雄的壯舉。而嫦娥只顧自己成仙，背叛了他，活該變成癩蛤蟆。」

紅玉嘆了一口氣，覺得兒子的想法有點偏激。不過，兒子能夠獨立思考問題，卻又讓她欣喜。

還有一次，紅玉跟兒子講唐堯的功德，她說堯是個至仁至聖的謙謙君子、天衣無縫的完人。

聽到母親這樣說，田武馬上打斷了母親的話，他說：「孩兒不這麼認為，『金無足赤，人無完人』，這個不是娘對兒子親口說的嗎？母親怎麼說堯是個天衣無縫的完人呢？」

高紅玉瞠目結舌，一時無語以對。小小年紀，竟敢褻瀆先賢聖哲，這孩子未免太狂妄了。

但高紅玉又不能不為此而高興，只是敷衍著盡力反駁兒子的觀點：「金無足赤，人無完人，是對於一般常人來說的，對於聖人，則另當別論。」

田武仍然據理力爭，非常自信地說：「堯的大臣相柳、孔壬和三苗，都是些禍國殃民的大壞蛋，堯卻一再寬恕他們的滔天罪行。這不是對少數人仁義卻禍害多數人嗎？我看這純粹是假仁假義。」

看母親用很驚異的目光看著自己，田武更加得意了，他繼續說：「而鯀奉命治水九年，拋妻別子，吃盡了千辛萬苦。雖說他有剛愎自用的缺點，但他畢竟一心為公，為拯救災難深重的百姓，赴湯蹈火，在所不辭。」

「最後由於天災，導致了治水失敗，堯卻將鯀處死了。這種做法就不是一種仁義之舉，是失去理智的做法。」

「孩兒認為人無完人這句話，對任何人都有效，包括聖人在內。」最後，田武還進行了總結。

年輕的母親不知用什麼語言反駁兒子的觀點了，只能羞愧地低下頭，這時，她為自己沒有足夠的知識來教導兒子而羞愧，也為有這麼個聰明的兒子而高興。

於是，高紅玉萌發了為兒子請一個家庭教師的想法。

高紅玉把自己的想法告訴了丈夫，丈夫也同意妻子的想法。他們準備為自己的兒子找一個好老師。但在當時，要找到一個好老師並不是那麼容易的。

具有思想的學生

三年之內，田武的老師已經換了四個。最後找到了一位叫張鳳飛的老師，倒真是一位明師。

張鳳飛飽讀詩書，出口成章，溫文爾雅，每當外出，觸景生情，總會與田武吟詩做對。

仲春的一天，楊柳依依，柳絮如雪花般在空中漫舞。

師生二人乘船沿河水北上，小河彎彎，流水潺潺，清澈見底，鳥兒在岸上的柳樹梢上唱著歌，小船在河中央蜿蜒緩行，前面不遠處有一座石橋。

當師生二人來到石橋下時，小船筆直穿過，張鳳飛吟道：「車到山前必有路。」

田武立即脫口而出：「船到橋頭自然直。」

張鳳飛聽到田武的回答，撫摸著自己已經花白的鬍鬚，非常滿意地點點頭。

小船順著河水的流向緩緩地前行，河岸邊柳樹的枝葉不斷地搖擺，似乎在不斷地衝著他們打招呼，陽光溫暖地照在師生二人身上，一陣陣歡快的笑聲從小船上傳來。

又是一個月圓之日，中秋佳節的氣氛籠罩了整個田府。高紅玉準備了一份厚禮，讓兒子田武送過去給師傅。

一年來田武與張鳳飛相處融洽，如魚得水。所以，將禮物送到老師家裡後，他又在那裡跟老師聊天，非常暢快。

眼看圓月東昇，老師想讓田武在自己家中過夜。田武覺得未經過母親的同意，不能擅自做主，執意告辭。

具有思想的學生

張鳳飛戀戀不捨地相送，不料，當天晚上，張鳳飛急火攻心，疽發於背而死。

田武聽到噩耗，傷心至極，大病一場。

還有一位老師，也給田武留下了非常深的印象。

這位老師姓方，名正，是一位老學究，臉終日拉得老長，不說不笑，堅守周禮，盛讚仁義，反對暴力與戰爭，要求自己的學生一定要服從自己，不得出言反駁。

這樣古板的人與思想活躍的田武必然產生了矛盾，兩人相處期間，矛盾重重，師生關係很緊張。

一次，方正老師大談仁義道德，田武不同意他的看法，於是就極力反駁。

田武說：「仁義只是人類的一種理想境界，周公是一個不現實的夢想家，只有慾望和希望才是人的本能。」

方正聽了田武的論述，怒火燒身，勃然大怒。他想：詆毀周禮，褻瀆周公，頂撞尊長，是可忍，孰不可忍！

方正也顧不得自己的老師尊嚴，也不顧學生的年幼，竟然與田武吵起來，而且還動手打了田武，並且罵道：「孺子不可教也！」

事情雖然過去了，但並沒有結束。三天後，清明時節雨紛紛，田府上下都放假了，回家祭祖。

當溫和的太陽剛剛露頭，田武便一手牽著自己最喜歡的獵狗，一手拿著木棍，直奔老師家的羊欄。

在離羊欄還有十幾米的時候，獵狗就聞到腥味，伸舌豎耳，垂涎三尺。

田武放開了獵狗，獵狗就發狂地衝入羊欄，頓時，羊欄裡一陣騷亂，羊叫聲不斷。

正在樹林中擠羊奶的老師見狀，勃然大怒。

當老師氣喘吁吁地趕到羊欄時，已經有幾隻可憐的小羊羔慘死，鮮血淋淋。

田武見狀，急忙賠禮道：「真對不起，老師，這畜生掙脫了鎖鏈，跑到這裡來闖禍。」

接下來，田武開始用仁義道德來教訓那隻獵狗。可那隻獵狗不聽教訓，仍然追逐小羊羔。

教訓完了，田武又向老師哀求道：「弟子用這些仁義道德來教訓它，可這畜生全然不聽，想必是弟子教學有限。求恩師可憐這些羊羔，向獵狗曉以大義，勸其改惡從善，切莫再施行暴力！」

方正氣得渾身哆嗦，怒目圓睜，用手指著田武說：「你！你！」

田武一笑，又用木棍教訓起獵狗來。棍棒之下，獵狗乖巧之極，就像一隻小羊羔一樣，溫順地臥在主人腳旁。

田武繼續說：「不是所有的人都可以用說教的方法來教育好的，貪慾本是人的本性，必要的時候，武器是非常有用的。」

說完，田武不理會老師的憤怒，悠然自得地帶著獵狗回家了。

聰明孩子主意多

方正老師受了田武的戲弄後，一怒之下辭職不幹了。不久之後，家裡又幫田武換了一位新老師。

這位老師叫高正榮，他高大，英俊，白皙的皮膚，舉止文雅，說話和氣，辦事穩妥，深得田府上下的敬重，也得到了田武的尊重。

田武與高老師相處融洽，師生二人有許多共同的話題，每天都會有歡快的笑聲從房間裡傳出來。

可是，最近幾日，田武明顯地發現老師心事重重，整日愁眉苦臉，沈默寡言，也很少與田武探討一些平時兩個人關切的話題，總是一個人坐在角落裡沈默。

田武雖然年紀尚小，可他依然能感覺到老師遇到了困難，不忍心看到老師整日愁眉不展，於是就再三詢問，高老師才最終說出了自己的困難。

原來事情是這樣的，高正榮有一個姐夫，是樂安城東的富戶張某。張某有一個兒子一個女兒，他的女兒嫁給東村果常山為妻。

張某的兒子福順，剛滿 5 歲。最近，張某的妻子忽然患有急症，撒手而去，留下體弱的丈夫。

張某由於喪妻，心火上攻，病倒在床，奄奄一息，眼看就要一命歸西。

5 歲的兒子福順只貪玩耍，根本沒有料理家務的能力，更何況還要照顧一個垂死老人？

於是，張某只好請女兒女婿幫助打理家務。誰知女兒女婿只是貪念父親的錢財，根本沒有孝心。

眼看著父親的病越來越重，不是想著怎麼為老人治病，解除痛苦，而

是費盡心思，盤算怎樣才能把這份家產弄到自己的手裡，據為己有。

女兒女婿合謀著，突然就生出一條計策。

第二天早上，女婿果常山以請安為名，拿著早已準備好的「遺囑」，來到生命垂危的岳父床前，逼著他在「遺囑」上按手印。

張某用顫抖的雙手接過「遺囑」，睜開昏花的老眼，仔細辨認帛上的字體，只見上面寫著：「城東張某僅生一子所有家產全部留給女婿外人不得奪取。」

張某一下子明白了女婿的目的，這是他們想趁他年老體弱，欲奪其全部家產。

張某當時只氣得渾身哆嗦，語無倫次，費盡全身力氣，指著果常山罵道：「你！你！畜生！」

話還沒有說完，張某就吐出一口血，血染在了手上，滴在被子上，然後就離開了人世。

岳父的去世並沒有給女兒女婿帶來痛苦，果常山趁機拉著張某的手，分別在兩張「遺囑」上蓋了手印。

有了「遺囑」在手，果常山夫妻有恃無恐，根本沒有把弱小的福順放在眼裡，而是千方百計地刁難他，打罵他，甚至在他稍微不對時，便要趕其出門。

沒有多久，剛懂事的福順便被果常山夫妻趕出了家門，無依無靠的福順只能靠乞討維持生計。

鄉鄰們雖都憤憤不平，但果氏夫妻手中有張某的「遺囑」，文字為證，無可奈何。

高老師非常心疼福順的遭遇，又同情自己的姐夫，但面對果常山夫妻的橫行，也是有苦難言。

田武知道後，氣憤地說：「老師為何不去告果常山夫妻？」

高老師面露難色，痛苦地說：「告？如何個告法？他們手中有『遺囑』，文字為證怎麼告？」

田武一時也為難了，思索片刻後，詢問道：「福順手中不是也有一份遺囑嗎？」

高正榮垂頭喪氣地說：「兩份遺囑，一字不差，都寫的是家產全部留給女婿外人不得奪取。」

說著，高正榮還將遺囑遞給了田武，因為他作為福順的舅舅，保管著外甥手裡的這份遺囑，這兩天一直帶在身上。

田武接過遺囑，認真地看了一遍，笑道：「老師不必擔憂，我自有辦法。」

高正榮看到田武這麼容易就想出了解決的辦法，覺得難以置信，充滿疑惑地看著田武。

田武繼續說：「恩師，您看，這遺囑分明寫著：將全部家產留給獨生子福順。」

高正榮聽了，更加迷茫，沒有說什麼，聽田武繼續說下去。

「城東張某，僅生一子，所有財產，全部留給，女婿外人，不得奪取。」田武大聲地將遺囑朗讀了一遍。

高老師頓時茅塞頓開，大喜道：「原來讀法不同，斷句不同，同一份遺囑可以有兩種截然不同的結論。」

第二天，高正榮帶著自己的外甥，將果常山夫妻告上了大堂，喜逢縣令是位「明鏡高懸」的清官，一告便準，青天大老爺將張員外的全部家產判給了福順，果常山夫妻各被杖責 40 大板，即刻滾出張家，一日不得多待。

就這樣，一件讓老師都犯難的事情，在田武的幫助下，輕鬆解決了。這件事不僅表現其聰明過人，也表現了他處事的態度和做人的原則。

　　從此師徒兩個人關係更好了，不過沒過多久，高正榮老師也病了，所以不能再帶田武了。還好田武這個時候，也快要上學了，也不用家裡再請老師了。

立志成為軍事家

　　田武到了五六歲時，他在爺爺的指導下，就開始讀家藏的《軍政》、《軍志》等簡冊，並能簡單地講述排兵佈陣的道理。

　　田家是一個祖祖輩輩都精通軍事的貴族世家，家中收藏的兵書非常多。

　　春秋時代流行的如《黃帝兵書》、《太公兵法》、《風後渥奇經》、《易經葡兵》、《軍志》、《軍政》、《軍禮》、《令典》、《周書》、《老子兵錄》、《尚書兵紀》、《管子兵法》及上自黃帝、夏、商、周，下到春秋早、中期有關戰爭的許多竹簡，塞滿了田家的整個閣樓。

　　田武沒事的時候就喜歡爬上閣樓，把寫滿字的竹簡拿下來翻看。有不明白的問題就請教家聘的老師，甚至直接找祖父、父親問個明白。

　　雖然這些書田武還不能真正看懂，但在爺爺和父親的幫助下，還是了解了其中的許多內容。

　　這時，爺爺田書除了給田武講述戰鬥故事之外，還講一些「女媧補天」、「神農嚐百草」、「堯舜禪讓」、「大禹治水」以及「姜太公垂釣」、「武王伐紂」等歷史故事。

　　田武到了七八歲的光景，小腦袋裡裝了更多的問題，經常向爺爺問這問那，有時問得爺爺也無法回答。

　　有一次，田武讀到「國之大事，在祀與戎」，他就跑去問爺爺：「爺爺，祀是什麼？戎是什麼？」

　　爺爺田書想，今天田武問的問題倒是簡單，於是隨口說：「祀是祭祀，戎是兵戎。」

田武接著問：「祭祀是種精神的寄託，怎麼能和兵戎相提並論為國家的大事呢？」

爺爺田書頓覺奇異，一時答不出來。田武接著說：「只有兵，才是國家的大事，君臣不可不察的大事。」

看著孫子搖頭晃腦的樣子，聽著孫子模仿大人說話的口氣，田書禁不住笑了。

這時，爺爺開始意識到自己的知識已無法滿足田武的求知慾望，該送他去當時的學校庠序學習系統的文化知識了。

春秋時代只有王室的子弟才能入學，就是所謂的學在官府。到春秋末年，周王朝的勢力沒落，各路諸侯紛紛立國。

於是，各個諸侯國家的一般貴族和平民為了培養自己的子弟，便興起聚徒講學之風，後來便發展成庠序。

庠序向所有貴族和一般平民的子弟敞開了受教育的大門。

田武8歲這年春天，他頭上束著兩個總角，讓爺爺領著，走進了庠序的大門，開始接受系統的基礎知識教育。

當時庠序的主要課程是五教和六藝。所謂五教即五種倫理道德教育：父要義、母要慈、兄要友、弟要恭、子要孝，六藝即「禮、樂、射、御、書、數」等六門基礎課的知識和技藝。

書是識字課，小孩子一入學，教書先生就發給每個學生幾根竹簡和一把刻刀，田武對這些學習用具並不生疏，因為在家裡，爺爺和父親早已教過他如何使用，有的字也早已認識，但他對教書先生講的漢字六書非常感興趣。

有一天，教書先生走到田武的書桌前，彎下腰來對他說：「你知道你姓的田字怎麼寫嗎？是長方形裡面有一橫一豎，這個字很有意思，表示一塊大田分成四塊小田，縱橫直線表示田埂或田間小路。」

這是田武從未聽說過的，他感到非常新鮮，兩隻烏黑明亮的眼睛便一眨一眨地看著先生。

教書先生見田武對這些東西非常感興趣，又耐心地跟他講解起田武的武字，教書先生說：「你的名字武是止與戈兩個字組成的。戈是兵器，止是腳趾，合起來是勇士持兵器，大步前進格鬥的意思，表示征戰、討伐。」

田武有些不明白，忽閃了幾下黑眼睛說：「我爺爺說武是停止戰爭，是和平的意思。您怎麼說成是征戰、討伐呢？」

教書先生摸了摸田武的頭說：「乖孩子，武字本來是征戰的意思，不過若以正義的戰爭討伐邪惡、制止動亂，這不就實現了和平嗎？由此看來，武字又有和平和制止戰爭的意思。你的名字取得很有意義。」

田武仰著臉，看著先生自豪地問：「您知道我的名字是誰取的嗎？」

先生說：「不知道。」

田武說：「是我爺爺取的。」

先生又拍了拍田武的後腦勺說：「好好學習，長大後像你爺爺那樣勇猛，統兵打仗，保衛齊國人民的幸福生活。」

田武笑了笑，又低頭念起竹簡上的字。

數是數學課。教書先生最初給童子講授計算的一般知識和規則，往後就講齊國的「九九之術」和《算經》。

田武自幼聰慧過人，又勤奮好學，再加上對奧妙的數學興趣濃烈，他12歲時，數學的運算能力就趕上成人，成為他父親家庭理財的得力助手。

少年田武天資聰明，對那些艱澀繁雜的五教以及規定的文化基礎課，看三兩遍就能熟記於心。往往其他同學還在埋頭苦讀，他早已記熟，跑到外面玩去了。

有一次，老師以為他貪玩，把他叫回去準備責罰一頓。責罰是要有理由的，老師就把剛剛學過的一段課文向他提問，誰知道田武竟然對答如流。

老師找不出責罰的理由，只好作罷。久而久之，老師感覺這孩子有不同常人的天賦，將來必成大器。於是教育田武也就更加用心了。

在所有的課程中，田武最感興趣的是六學中的射和御。在射、御的第一節課上，老師先給學生講解了射、御的基本內容及學習射、御的意義。

射和御既是戰場拚殺的基本技能，也是齊國社會競技活動的主要項目。

在齊國，每年的九月，都要舉辦一次全民射、御比賽，這是國家選將取才的重要形式，也是有志之士展現自我，步入仕途的絕佳良機。

接下來，老師還重點講解了齊國自古就有的尚武之風。約在夏商之際，或更早一些，齊地的夷人就以善射而聞名天下。

夷人的夷字就是一個人的形象，這個人與身上挎著的弓，就組成了夷這個像形字。

神話傳說中，東夷最早的英雄叫羿，他曾經用弓箭馴服了 10 個太陽，同時射瞎了黃河大神河伯的眼睛。

後來，羿還射死封豕長蛇，並在青丘地區，把猛禽大風給射死了，為民除了一大害。因為羿的巨大貢獻，人們尊稱他為后羿。

殷商時期，齊地有一個著名的英雄蜚廉，他是秦國的先祖，《史記‧秦本紀》中記載他依靠自己的才力，侍奉殷紂王，一生中為了商朝的強盛可以說是出生入死，在戰場上拚殺，最後戰死在海邊上，蜚廉塚就在今廣饒縣城的東邊。

後來，著名的軍事家姜子牙輔佐周文王滅商，被封到了齊地，建立齊國，尚武風俗得以承襲，並發揚光大。

立志成為軍事家

當時齊國尚武得到繼承發揚主要有兩個原因：一是太公受封的時候，曾得到周王室賦予的征伐特權，可以代表周王室征討其他國家，齊國推崇尚武習俗便成為必然。根據歷史記載，齊國曾經多次對萊、杞、奄、陽、譚等小國用兵。

二是齊地有發展畜牧業尤其是養馬的優越地理環境，養馬業在諸侯國中捷足先登，這就為軍事裝備的發展提供了可能。

從桓公時代開始，齊國就是各諸侯國中馬匹最多的國家。齊桓公的時候，他曾經一次贈與衛國良馬 300 匹。田武他們家所處的青丘地區，就是當時齊國的養馬基地。

由於受尚武思想的影響，齊國從國君到士兵，都是以勇武為榮。射和御，是齊人首練的武技，主要用於長距離的攻擊，是軍事活動的重要手段。齊人向來以射術和御術的高低為榮辱，這已成為一種社會風尚。要想出仕入相，為國家重用，首先必須練好這兩門科目。

在接下來的學習和訓練中，田武對射和御投入了比其他學生多數倍的努力。

田武刻苦練習，甚至到了廢寢忘食的地步。很快，田武就成了掌握這兩項技能的同輩貴族少年中的佼佼者。

田武沒有滿足，沒有就此止步，依舊是冬練三九，夏練三伏。此時，田武心中蒙朦朧朧有一個理想，那就是長大後要像他的祖父田書、叔父田穰苴一樣，成為一名馳騁疆場的大將軍。

田武和小夥伴們，只要不去庠序讀書，就在空場上分成兩隊，玩佈陣攻戰的遊戲，互相攻打、衝殺。

田武帶領的一方總是勝利者，久而久之，田武就成了小朋友們的軍事領袖。

有一年端午節，田書老將軍從朋友家做客回來，乘坐的馬車經過城中

廣場，無意中看見兩隊孩子在衝鋒廝殺。

只見田武指揮著十幾個孩子，把另一隊孩子追殺得潰不成軍，落荒而逃。

田書老將軍見此情景，心中既高興又擔心，高興的是田武將來會成為優秀的統兵打仗的人才，擔心的是孩子玩野了會荒廢學業。

第二天，田書老將軍便到「庠序」裡去拜見教書先生，了解田武的學習情況。

先生說：「田武非常聰明，在學習上能舉一反三，因此進步非常快，成績突出，一般孩子都比不上他。」

田書老將軍說：「我常看見田武把家裡珍藏的《軍政》、《軍志》等兵書拿到庠序來讀。昨天我又看見他和小同窗們玩佈陣攻戰的遊戲，沖衝殺殺的。我擔心他常讀這些東西，又經常玩打仗的遊戲，耽誤了其他學業。」

先生忙說：「不會，不會。《軍政》、《軍志》這些書雖然講的是佈陣用兵，但裡面包含著許多深刻的哲理，這對田武學習其他功課很有幫助。」

同時，先生還舉了個例子，他說：「有一天，我想查考一下田武，看他是否讀懂了這些書上的道理，沒想到他講得頭頭是道，舉了許多戰例連我都不知道。至於玩遊戲，我認為男孩子不玩遊戲就呆傻了，只要不出格就沒事。」

田書老將軍聽了先生的話，捋著鬍鬚高興地不停點頭，樂呵呵地說：「哦！這我就放心了。」

田武沒有辜負爺爺對他的期望，田家的事業將後繼有人了，因此田書老人非常高興，心裡感到從未有過的寬慰。

從此，爺爺或父親經常帶著田武出席一些親朋好友的宴會，參加上層貴族的一般社交活動。

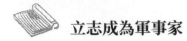 **立志成為軍事家**

　　田武雖然還是一個孩童，但他不凡的談吐和敏捷的思維卻引起一些齊國社會名流的注意。

結識軍事家穰苴

西元前 537 年，田武 15 歲的時候，全部結束了在庠序的課程，以每門功課全優的成績畢業。

畢業後第二年，田武參加了嚴格的「五射」、「五御」技能強化訓練。

在庠序的課程中，儘管設立了射、御課程，但只是一些基礎性的東西，是一些基本功。

來到強化訓練營後，田武才真正領悟到了射和御的精髓。

那千變萬化的射箭技巧和駕馭技術，一下子激發起田武極大的熱情。儘管訓練很苦，但田武卻是樂在其中。

經過一年的嚴格訓練，在最後的挑選賽中，田武過關斬將，以優異的成績脫穎而出，獲得個人第一名。並且獲得了一年一度的射、御比賽資格。

每年的九月，齊國都有一場全國性的射、御比賽，比賽地點是當時齊國的都城臨淄城，每個城市的前幾名可以代表本城參加比賽。

當年，田武就是以莒邑第一名的身分，代表本地參加了當年的全國比賽的。

田武已經不止一次來過臨淄城，但這一次田武的心情與以前大不相同，既興奮，又有點緊張。

田武環顧校軍場，只見四周佈滿甲兵，個個手執戈矛，盔明甲亮，英姿威嚴。

點將臺上，齊景公端坐在正中，文武大臣列立兩旁。來自全國各地的參賽選手，採用淘汰賽，進行一一角逐。

結識軍事家穰苴

選手們熟練的技術和精彩的表演，不時贏得齊景公及文武大臣一陣陣熱烈的歡呼。

田武依靠紮實的基本功和嫻熟的「射」、「御」技術，最後淘汰了所有的選手，獲得了第一名。

田武在場上的一舉一動，引起坐在景公旁邊的一位將軍的極大關注。這個人就是大將軍田穰苴。

田穰苴是田武的同宗叔叔，與田武的父親田憑同輩，並同在朝中為官。

田穰苴早就聽田憑講起過這個侄兒，不過自己經常在外，除了在他出生的時候見過一次外，就沒有什麼機會見面。

今日一見，田穰苴感覺自己的這個侄子果然是將門之後，國家的棟梁之才。

望著賽場上往來馳射的田武，田穰苴預料自己的這個侄子將來必定前途無量。於是，他決定把自己畢生所學傳給這個晚輩。

不過，在作出最終決定之前，田穰苴還想再和這個侄子親自談一下，看看是不是真如自己心中所期望的那樣。

比賽結束後，田穰苴立即派人通知田武，第二天到自己的司馬府來一趟，有些話需要面談。

田武不止一次從祖父田書和父親田憑那裡聽到過這個同族叔父的英雄事蹟，腦子中早就塞滿了有關他的傳奇故事，就盼望著有一天能親自和他談一談。

當天晚上，田武翻來覆去睡不著，終於要見到自己心中崇拜的英雄了，他的心情怎麼能不激動呢！

田武腦子中不斷地想像著祖父和父親給自己講過的關於這位叔父田穰苴的事蹟。

田穰苴也是陳完的後代，是陳完後人庶出的平民布衣，不是嫡傳，故地位卑賤。

雖然田穰苴長期在軍隊從軍，而且才能出眾，戰功卓著，但因出身不是貴族，所以一直沒有被提拔重用。

齊景公剛剛繼位的時候，齊國的鄰邦晉國、燕國先後都曾入侵齊國。晉軍侵占了齊國的阿、甄兩邑，燕軍則一路打過黃河。

面對兩個強敵，齊軍由於沒有有效的領導，所以大敗而歸，最後連齊國都城臨淄都面臨著被攻陷的危險。

當時齊景公憂大憂心忡忡，束手無策。

就在這個國家危難的關鍵時刻，晏嬰向齊景公推薦了田穰苴，建議齊景公任用田穰苴為將。

晏嬰說：「穰苴雖然不是田家正妻所生，屬於庶出，但是他確實是個難得的人才，文能服眾，武也能威敵。希望人王能夠起用這個人試一試。」

齊景公聽了晏嬰的話，就像抓住了一根救命稻草一樣，非常高興，連猶豫一下也沒有，就命人到軍中召來了田穰苴。

當時齊景公和田穰苴君臣兩個就當時的戰爭問題，進行了一次促膝長談。

田穰苴的軍事思想讓齊景公大為驚訝，認為這真是一個不可多得的將帥之才，當即就任命田穰苴為大將軍，命他率軍抵禦晉國和燕國的軍隊。

田穰苴知道，自己雖出身於田氏望族，但屬於庶出之子，畢竟不同於田氏家族中的達官顯貴。

而且，田穰苴從來沒有帶兵的經歷，如今一躍成為三軍統帥，肯定難以服眾。

作為將帥，如果部下不服，如何指揮作戰？

所以，對田穰苴來說，其當務之急不是帶兵出征，而是立威以服眾心。

田穰苴自然有他的辦法。他對齊景公說：「臣素卑賤，君擢之閭伍之中，加之大夫之上，士卒未附，百姓不信，人微權輕，願得君之寵臣、國之所尊，以監軍，乃可。」

意思是說，他一向出身微賤，蒙齊景公從市井中發現了他並委以重任，位在大夫之上，不僅士卒不會死心塌地地聽其指揮，朝中的大臣也不信任他。人微權輕，是無法帶兵出征的，因此他希望齊景公派一個寵臣到軍中做監軍，這樣才能壓得住陣角。

田穰苴把自己的這個想法對景公一說，正中景公下懷。因為這樣，監軍可以作為國君的耳目，隨時向他報告軍隊的情況。

同時，監軍還可以以朝中權貴的身分，助出身微賤的田穰苴一臂之力。

所以，景公不假思索，便爽快答應了田穰苴，並立即命令寵臣莊賈做監軍。

莊賈是齊景公最寵愛的佞臣，此人天天在齊景公身邊，雖然官職不高，但地位特殊，滿朝大臣都對他禮讓三分，可謂「君之寵臣、國之所尊」。

於是，做監軍這個光榮的使命，便落到了莊賈的頭上。

田穰苴辭別景公時，便與莊賈進行了約定，第二天中午時分在軍門會面。

可是這個莊賈自恃是個貴族，又得到國君的寵信，所以壓根沒把這個田穰苴放在眼裡。

何況莊賈幾乎沒有打過仗，根本沒什麼紀律觀念，所以對這個約定也根本沒放在心上，只是漫不經心地答應了。

第二天一大早，田穰苴就事先來到了軍中，他集合軍士，專門「立表下漏」計時，準備迎接監軍莊賈。

那時沒有鐘錶，計時有兩個方法，一是在室外的空地處立下標竿，根據日影來計時，二是用漏壺根據其漏水的量度來計時。

田穰苴兩種方法都用，為的就是要看這個莊賈是否準時，其用心也可概見了。

田穰苴知道，像莊賈這樣的花花公子，一向自由散漫慣了，哪裡知道軍中的法紀？

再加上莊賈正受齊景公寵信，又身為監軍，必不會將田穰苴的話放在心上，豈會按時來會？

田穰苴早已想好了，如果莊賈能按時趕到軍中，不妨就讓他代表齊景公，幫助自己威懾軍中將士。

相反，如果莊賈不能按時趕到，他田穰苴正好用他的人頭來申明軍紀。大敵當前，不行誅殺，便難以立威。

果然，這個莊賈平時嬌貴慣了，自以為田穰苴將軍既然已經到了軍門，而自己是個監軍，早到晚到不要緊。

因為莊賈要隨軍出征，所以親戚左右來送行的人很多，於是他便留下送行的人飲酒，早將與田穰苴的約定拋到九霄雲外了。

中午一過，田穰苴立即下令，將標竿放倒，將漏壺撤掉，向士卒們申明紀律，然後收軍回營，坐等莊賈前來受死。

莊賈和自己的親朋好友一直喝到傍晚，才醉醺醺地來到軍中。田穰苴問：「你為什麼遲到？」

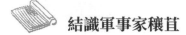

莊賈醉眼矇矓地說：「我的親戚朋友設宴為我送行，所以我就留下喝酒了。」

田穰苴大怒，大聲斥責他說：

從大將接受任命的那一刻，就應該忘記自己的家，下達過軍事命令之後，就要忘記自己的親人朋友，擊鼓進軍的時候，就要忘記自己的性命去衝鋒陷陣。

現在我們的國家正處在危難的時候，外國的軍隊就在城下，人民的生命時刻遭受著死亡的威脅，軍人們正在前線出生入死，就連我們的國君都寢食難安，而你還在談什麼相送，還要喝酒，怎麼能作出這樣的事情呢！

說完，田穰苴向負責軍法的軍正問道：「按軍法對遲到者該如何處置呢？」

軍正回答：「當斬！」

田穰苴立即喝令將莊賈推出斬首示眾。

莊賈萬萬想不到田穰苴會來真格的，頓時酒也醒了，冷汗也出來了，嚇得渾身篩糠。

三軍將士見狀，都知道了田穰苴將軍軍紀嚴明，不禁對田穰苴肅然生畏。

田穰苴治軍，大體上有兩個方面的特點：一是立威，二是施恩，恩威並用，執法嚴明。

透過一系列的治軍措施，田穰苴激勵和增強了士氣，連有病的士兵都摩拳擦掌，主動請戰。

看到士氣已經完全被鼓動了起來，田穰苴開始準備出戰。出戰的那一天，齊軍的士氣高漲，以致那些晉軍看見後，還沒有開戰就自己退軍了。

燕國軍隊聽說齊軍氣勢旺盛，又見晉軍都撤退了，也立即渡過黃河，

逃回了自己的國家。

田穰苴率領齊國的軍隊，奮力出擊，追擊敵軍，奪回了阿、甄兩座城池，平定了黃河兩岸，然後凱旋。

聽說田穰苴率領自己的軍隊班師還朝，齊景公和朝中的大夫們一直接到了齊國都城的郊外，並慰勞士卒，對田穰苴以禮相待。

進入齊國都城後，齊景公又親自來到田穰苴的住處看望他，尊稱他為大司馬，還為他建造了司馬府。此後，大家都尊稱田穰苴為司馬穰苴。

田穰苴的這些英勇事蹟早就在小小的田武心中紮下了根，在他小小的心靈中，自己的這位叔父簡直就是戰神，就是自己的目標，他早就盼望著能有看到這位叔叔的那一天，現在這個日子終於來了。

第二天一大早，田武早早地起了床，梳洗以後，就懷著崇敬的心情拜見了田穰苴。

田穰苴對自己的這位侄子也是親切有加。叔侄二人促膝長談，無話不說。從談話中，田穰苴看出田武志向遠大，天資聰明，心中更加喜愛。

夜深了，田穰苴拿出自己根據從軍經驗編寫的兵法，鄭重地交到田武手中，這就是被後世稱道的《司馬穰苴兵法》。

分別的時候，田穰苴又專門叮囑田武，第二天就搬到自己的司馬府，一定要在京城住一段時間，田武見叔父對自己如此器重，自然是從內心感激不已。

辭別叔父田穰苴後，田武匆匆地回到自己的住處，他是如此激動，因此捧著《司馬穰苴兵法》看了整整一夜。

簡書中「以戰止戰」、「忘戰必危」、「好戰必亡」等戰爭理論，深深觸動了田武的內心，使田武初步領悟到了戰爭的禪機。

田武決心乘這一段在京城的時間，好好向自己的叔父請教。他希望自

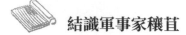

己將來也要像自己的叔父那樣,在戰場上指揮千軍萬馬,實現自己人生的抱負。

另外,田武還想到國家的秘府裡看一下,那裡可是齊國所有書籍彙集的地方,一般人進不去,他希望透過叔父,去那裡讀幾天書。不過,田武還沒有向叔父說這件事情。

因為叔父田穰苴的盛情邀請,再加上田武也確實想向這個叔父多學點東西,所以他第二天就來到了司馬府。

在這裡,田武每天都能夠見到田穰苴,透過接觸,田武對這個叔父更加了解,也更加欽佩他的軍事才能。

田穰苴也對自己這個侄兒的軍事知識感到吃驚,沒想到他小小年紀就看過那麼多書,知識這樣豐富,他的聰明勇武都給田穰苴留下了深刻印象。

在平時的交談中,田武向田穰苴提到了想到齊國秘府讀書的願望,希望叔父能夠幫忙。

田穰苴也為自己這個侄子如此好學而高興不已,爽快地答應了下來,說自己會跟秘府的官員說一下。

蒙山拜師學藝

田武的學校生活基本結束以後，大部分時間都是自己學習鑽研，他的爺爺田書認為田武還有進一步拜師學藝的必要，他有一個老朋友，名叫真元子。

真元子是蒙山道士，受過高人指點，異人傳授。在一次戰爭中，田書曾救過他的性命，兩個人成了刎頸之交。

田書拜託真元子教育孫子，自然是以學兵為主，對於道家和陰陽家，田書並無濃厚的興致。

真元子住在蒙山小孤峰凌霄觀，他只是偶爾收一兩個弟子，傳授所學，田武便是為數不多中的一個。

真元子年高八旬，身長丈二，背不駝，腰不彎，耳不聾，眼不花，鶴髮童顏，鬚髯垂胸，飄飄如銀。

真元子博學多能，最精通的學問有四門：一是數學與天文，二是兵學，三是遊學，四是出世學。雖然如此，但他性格內向，素來默默無聞，從不輕易表現自己。

真元子講學與眾不同，他很少講理論，多是帶弟子深入實際，觀察紛紜萬狀的具體事物，讓教育對象因此而得到啟迪，然後自己去思考，去分析，去歸納，去總結。

在這一過程中，真元子或給以啟發點撥，予以開導，或不聞不問，置之不理。因此，非資質稟賦超群脫俗者，難以成才，半途而廢，中途淘汰者，大有人在。

田武拜師的時候，正是炎熱的夏季，蒙山剛剛落了一場罕見的暴雨。真元子和田武坐在凌霄觀，觀賞蒙山飛瀑勝景。

這是田武的入學考試，也是入學後師父給他上的第一堂課。二人默默觀賞了一會，突然真元子問道：「武兒，從眼前這激流飛瀑中，你能悟出用兵打仗怎樣的道理呢？」

田武見師傅忽然這樣問，就稍微思考了一下，然後彬彬有禮地回答說：

為國者，一定要有強大的軍事實力，善於用兵者，一定要以泰山壓頂之勢，撲向敵人，使其沒有喘息的機會，從而完全徹底地殲滅敵軍主力。

要達到這個目的，兵既要多，更要精，關鍵在於戰略部署，每次出擊，都要以多對少，以強對弱，造成猛不可當之勢。

聽了田武的回答，真元子只是微微頷首，他反覆上下打量眼前這位彬彬有禮的少年，似乎要重新了解他，認識他，彷彿不相信方才這番見解竟出自一個年輕人之口。

這第一堂課是成功的，這首次考試是滿意的，真元子暗暗給田武打了個滿分。然而這成績是真實的，是必然的，還是虛假的偶然的巧合呢？

真元子心中不踏實，3天後又進行了第二次考試，仍然是這個題目，只是有所變通罷了。

師徒兩個人不再看飛瀑，門前的青石板上，中間放著一塊石頭和幾個雞蛋，師生相對，盤膝而坐。

真元子並不急於說話，他手持長鬚，瞇著雙眼，靜坐良久，田武瞅瞅青石上那塊石頭和雞蛋，看看老師，察其顏，觀其色，分析其神態。

突然，田武眼前一亮，不等老師開言說話，就拿起石頭，將青石上的雞蛋一一擊破。

真元子見狀，先是一愣，繼而開懷大笑，笑過之後，他豎起拇指，嘖嘖讚道：「孺子可教也！」

又有一天，真元子與田武肩扛鍬鎬，深入一條幽谷。谷左岸有一小片平地，但也坑坑窪窪，坎坎坷坷。半山坡有一水潭，潭水清冽，潭邊雜草叢生。

休息片刻之後，師徒二人，一個掄鎬，一個揮鍬，將那水潭的岸邊挖開了一道豁口，潭水順著豁口淌出，奔瀉而下。然後師徒兩個坐在潭邊，居高臨下，看流水之勢。

豁口的深度有限，所以淌出的潭水數量也有限，一會兒水流完了，真元子讓田武就此而論，談談用兵的規律。

田武鎖眉凝思，在草地上漫步，他的耳邊沒有了奔騰的流水和聒噪的蟬鳴，他的眼前沒有了巍巍青山和莽莽林海，只有那飛馳的戰車和斷殺的戰場，凹凸不平的谷岸草地和彎彎轉轉的溪流。

過了很長時間，田武終於找到了用兵的規律向老師交了一份滿意的答卷。

田武說：「用兵的規律就像是水一樣，水流動的規律是避高趨下，用兵的規律是避實擊虛。所以兵無常式，用兵的規律就如這天地自然，相生相剋。」

第二年春天，和風煦煦，暖日融融，花紅柳綠，鳥啼燕飛，一個怡神醉心的上午，在門前的草坪上，真元子正在幫田武上著別開生面的新課。

這堂課的中心是講作戰的奇正變化。奇與正的概念很抽象，不好理解。

真元子講學授徒，從不先講那味同嚼蠟的概念和理論，而是從具體到抽象，從實踐上升到理論，而且多是啟發學生自己去抽象，去歸納、總結、提高。

這天，真元子先從燦燦紅日和明媚的春光講到日月的運行，四時的更

替與循環往復。

其次，他用青、黃、赤、白、黑五色，在素帛上畫出一幅幅絢麗多彩的寫意畫，有山水，有花卉，有鳥蟲。

再次，他彈琴擊缶，吹竽鼓瑟，用宮、商、角、徵、羽五聲演奏了一曲曲優美動聽的歌，有歡快的，有悲悽的，也有哀怨的。

最後，他用酸、甜、苦、辣、鹹五種調味料做了 10 道菜款待他這得意門生，自然多是山珍野味。

師徒吃著佳餚，喝著自釀的米酒，邊吃邊聊，邊喝邊談，你一言，我一語，共同來討論這用兵的奇正問題，最後田武奉師命作了總結性的發言。

田武說，大凡作戰，都是以正兵作正面交戰，而用奇兵去出奇制勝。善於運用奇兵的人，其戰法的變化就像天地運行一樣無窮無盡，像江海一樣永不枯竭。像日月運行一樣，週而復始，與四季更迭一樣，去而復來。

宮、商、角、徵、羽不過五音，然而五音的組合變化，永遠也聽不完；紅、黃、藍、白、黑不過五色，但五種色調的組合變化，永遠看不完。酸、甜、苦、辣、鹹不過五味，而五種味道的組合變化，永遠也嘗不完。

戰爭中軍事實力的運用不過「奇」、「正」兩種，而「奇」、「正」的組合變化，永遠無窮無盡。奇正相生，相互轉化，就好比圓環旋繞，無始無終，誰能窮盡呢？

就這樣，田武在蒙山跟隨真元子大師學習了兩年時間，在師傅的悉心教導下，田武的兵法學問又增進了一大步，為他以後的進步打下了堅實的根基。

自創孫子梅花拳

蒙山學藝生活結束後，田武告別了老師，回到了自己家。學習生活並沒有讓田武學習兵法的興趣減弱，相反，回到家後他更加努力了。

不管是春夏秋冬，田武在兵法的海洋裡遨遊。很多時候，田武已經忘記了這是什麼季節，也忘記了自己身在何處，完全沈醉在兵書的世界裡。

時光倏忽，一年又快過去了，又是一年的寒冬季節。

一天，田武又在研讀穰苴叔叔傳贈給他的《司馬穰苴兵法》，並被其中閎廓深遠的哲理和軍事理論深深吸引。

書中關於正義戰爭與非正義戰爭劃分的部分內容，是田武在以前的學習中未曾看到的。

簡書中說：「是故殺人安人，殺之可也；攻其國，愛其民，攻之可也；以戰止戰，雖戰可也。」

意思是說為剷除邪惡，維護和平而攻占暴虐之國，是正義的戰爭，不能算是侵略。

「以戰止戰。」田武若有所思，感覺這句話值得細細研究，就隨手用筆記下了這句話。

田武繼續往下看，只見兵書上寫著：「戰道，不適時，不歷民病，所以愛吾民也；不加喪，不因凶，所以愛夫其民也；冬夏不興師，所以兼愛民也。」

田武領悟到，發動戰爭為不得已，如果發動戰爭，要最大限度地保護人民的利益。作為仁義之師，占領敵國後，不可燒殺搶掠，要善待戰俘。

「國雖大，好戰必亡；天下雖安，忘戰必危。」意思是說，要居安思危，時刻備戰，做好充分的戰鬥準備，但又不可以窮兵黷武。看到這裡，

田武深思良久，用筆在簡片上寫下六個字：「兵者，國之大事」。

看書久了，田武感到有些睏倦。他起身走出了書房。時值嚴冬，寒風吹到臉上，田武頓時倦意全無。他圍著書房，一邊踱著步，一邊舒展著筋骨。

轉到屋後，一陣清香撲面而來，因為這裡是田家的後花園。雖說現在正是寒冬季節，萬物都凋落了，但卻正是梅花盛開的季節。

很快，幾株梅樹吸引了田武的目光，他信步走到了梅樹的跟前，但見滿樹的梅花競相綻放，在凜冽的寒風中毫無怯意，枝幹剛勁盤曲如同虬龍。田武在樹前站立良久，靜心觀賞。

忽然，一陣寒風襲來，枝幹搖曳，如虬龍飛舞。緊接著，落英紛紛，隨風而起，讓人目不暇接。

田武不由自主也隨風起舞，他模擬著梅枝、梅花的形態，活動著四肢。

等田武回到書房，感覺神定氣清，渾身舒服。

第二天，田武在書房看累了後，又信步來到了梅林，再次欣賞了梅樹的銅枝鐵桿和梅花的落英繽紛，並打了一趟齊國的本地搏擊拳術。

第三天，第四天……

一連幾天，田武看書看累了，必定到梅樹林中，看落梅繽紛，並且不由自主地模仿一會兒梅枝、樹花的形態，鍛鍊一下有些疲倦的身體。

隨著時光流逝，田武感覺那梅樹就像長在了自己心裡。有一次，天降大雪，可是田武還是照常來到了梅樹前。

這時，一陣寒風吹來，田武不由得打了個冷顫，他想，梅花是耐寒的植物，在百花凋零的寒風中獨自開放，它那不畏嚴寒的品質真是讓人歎服。

田武脫掉外面的大氅，準備練一趟拳熱熱身體。忽然，一種奇怪的感覺來到了田武的心裡，這種感覺是什麼呢？

因為田武忽然發現，梅花有密有疏，有虛有實；枝幹遒勁，重心紮實，整株梅樹剛柔相濟，互相為用，有輕有重，有動有靜。動則如猛虎，勢不可當；靜則如淑女，柔中寓剛。田武想，這些多麼像我們齊國的技擊之術啊！

技擊是齊國人尊崇和擅長的一種搏擊之術。齊國的技擊陰陽結合，穿插更替，招式虛虛實實，明暗多變。

齊人就是靠這種高超的技擊之術，發揮短兵相接，單兵作戰，以巧取勝的優勢，在諸侯爭戰中立於不敗之地的。

以前田武雖然也天天看梅，可從來沒有把清雅的梅花與武術聯繫起來。

今天這忽然而至的靈感讓田武興奮不已，他「啪啪啪」打了一趟齊國傳統拳術，然後很快就回書房了。

田武實在太興奮了，因為他現在已經決定根據齊人的技擊之術，結合梅樹、梅花的形態變化，創造一種用於強身健體、攻敵制勝的拳法套路。至於這套拳法的名字，就叫它梅花拳吧！

從此，田武認真研究，仔細思索，反覆推敲，終於創造出了一套虛實結合、剛柔相濟、借力發力、變化多端的梅花拳法。

田武創造的梅花拳法講究六合，又分內三合與外三合。內三合為：心與意合，意與氣合，氣與力合。外三合為：手與足合，肘與膝合，肩與胯合。

上下相隨，內外一致，姿勢舒展，動作優美。整套拳路既有陽剛之美，更具有以柔克剛的特點。

自創孫子梅花拳

進攻的時候，有排山倒海之勢；防禦的時候，則縮身舒氣，四肢放鬆，就像小貓休憩一樣。

田武的梅花拳非常注重虛實結合。講究虛則實之，實則虛之；虛虛實實，實實虛虛；真真假假，假假真真。「能而亦之不能，用而亦之不用」；避實去虛，取本舍末，取近舍遠，借勢發招，乘虛而入。這些道理田武后來無不體現在其所著兵書中。

田武梅花拳還講究靈活多變。在實際交手中，隨機應變，揚長避短，以己之長，攻彼之短。隨其變而變，靈活機動。不用拙勁、僵力，變化多端，使對手不知所措。

田武梅花拳還講究占領先機，打主動仗。對手的拳還沒有到，自己的招式就已經先到了，使對手的招式還沒發出就失去了作用。

或者在半路截擊對手，使對手的招式半途而廢。這就是梅花拳中所講的「彼不動，我不動；彼一動，我先動。」

另外，田武創立的梅花拳還十分強調以智取勝，即「遇強智取，遇弱力擒。」

在與對手交鋒的時候，首先要對敵手的武術技能和力量進行觀察。如果對手非常強，那就表現出自己柔弱的一面，讓對方驕傲大意。然後乘對手稍一懈怠，奮力一擊。

為了避開對手的鋒芒，寧可捨近打遠，舍直走曲，襲擊對手的左右側或者背後，直到擊中他的要害。

如果對手較弱，那就採取猛衝猛打的策略，步步緊逼，如急風暴雨，有雷霆萬鈞的氣勢，使對手毫無還手之力。

後來，田武在梅花拳的基礎上，加入其他器械，又創造出了梅花刀、梅花槍、梅花劍等器械搏擊套路。

創作弈經十三篇

弈即現在的圍棋，對此田武並不陌生，因為他小時候，就經常看見祖父田書和父親田憑在一起對弈。

那方格的棋盤，黑白分明的棋子，以及祖父和父親專注的神情，都給田武留下了深刻的印象。

好奇又淘氣的田武有時會偷偷去摸摸棋盤，摸摸棋子，有時乾脆抓一把棋子就跑。

隨著年齡的增長，田武從祖父和父親那兒逐漸了解到弈的許多知識。他聽祖父講，弈是中華民族的先人堯帝為教育兒子丹朱而發明的。

據說堯娶妻富宜女，生下兒子丹朱。但令堯很難過的是，丹朱長大後，智力愚鈍，品行也不好。堯想了很多辦法來教育兒子，但效果都不理想。

後來，堯根據天空日月星辰各種星體的變化，製作了圍棋。為了顯示其中奧妙變化，棋子用黑白兩色分開，用來表示陰陽變化。

後來，丹朱迷上了弈，並在長期對弈的過程中，開發了智力，純潔了性情。

美麗的故事連同對弈美好的印象，深深印在了年輕田武的腦海中。等田武長到 16 歲以後，祖父和父親有空閒的時候，開始教田武對弈。

有時，田武也會站在一旁，靜靜地觀看祖父和父親對弈，當然最後的結局一般都是以祖父的勝利而告終。

一次，在與祖父對弈時，田武問田書：「爺爺，您和父親為什麼都喜歡對弈？」

田書不假思索地說：「對弈是以智力取勝的一種遊戲，進與退、取與

舍、攻與守、縱與收，主動權全都由自己掌控。而且，對弈和軍事上的運籌帷幄、調兵遣將有幾分相似，所以我喜歡，你父親也喜歡。」

「那決定對弈輸贏的關鍵是什麼？」田武接著問了一個十分深奧的問題。

田書思索了一會說：「算。決定對弈輸贏的關鍵是算，算是對弈的核心，布勢運子則是算在棋盤上的體現。對弈就如同兩軍對壘準備廝殺，主將無計無謀，沒有作充分的戰前準備和通盤考慮而戰勝敵人的，還從來沒有聽說過。對弈也是同樣的道理，多算則多勝，少算則少勝，不算則根本沒有取勝的可能。」

祖孫對弈的結果當然是祖父田書取勝，況且還是田書有意讓著小孫子。

這一點當然田武也知道，連父親都不是爺爺的對手，自己也就只好甘拜下風了。

在分揀棋子，準備第二局的時候，田武又問祖父：「爺爺，開局怎麼下才好啊？」

田書望著孫子，笑著說：「有道是棋無定式。開局如何落子，要看棋手的基本功和對棋局的領悟力。棋家常說，『高者在腹，下者在邊，中者占角。』腹中棋路多但是很難把握，只有高手才敢這樣落子；邊地狹淺容易進攻，初學者大多願意走邊；一般情況下棋手多願意占角，角雖不如腹中開闊，但比邊要強一些。所以說，『邊不如角，角不如腹。』」

聽了祖父的話，田武考慮了一會兒，最終還是把棋子落在了角的星位上。

因為田書有意讓孫子，總是讓田武執黑先走。這一點田武也知道，但其中的道理田武不是很清楚。

於是田武就問祖父：「爺爺，對弈中先走有什麼好處呀？」

田書明白了田武的用意，笑著說：「對弈好比是打仗，誰占據先機，誰就有了主動權。所以對弈十分強調『自始至終，著著求先』。誰得了先手，就得了勢，就能控制局勢。還有一種說法，叫做『寧丟數子，勿失一先』，足見對弈中先手是多麼重要。」

「當然，你要記住先手也不是一成不變的，對弈中隨著雙方攻守的轉換，先手也是不斷交換的。有時為了全局的考慮，棋手常常用棄子的方法，去別的地方，另闢天地，占據先手，取得優勢。所以當你看到對手棄子的時候，就要想到對手可能已經有了圖大之心。」

對弈進行到中局的時候，田武忍不住又問祖父：「爺爺，中局對弈要注意什麼？」

田書思索了一會兒說：「中局對弈特別要注意虛實變化。對弈中隨著勢的變換，常有虛與實的變化。虛了就容易被攻破，實就不容易被攻破。」

「在對弈中，要見可進而進，知難而後退，要做到避實而擊虛。同時，也要善於製造假象，用示弱的方法吸引對手來攻，然後圍而殲之。實戰中，一切變化皆在自己的掌握之中。」

聽到這裡，田武接著問祖父田書：「那對弈是否就是要以詐取勝呢？」

田書極其認真地說：「兵有王者之兵，有戰國之兵。棋有上品之棋，有下品之棋。下品棋舉無思慮，動則變詐；上品棋皆沈思而遠慮，因形而用權，神遊局內，意在子先。棋子雖小，有正道在裡面。真正想下好棋，務必要斜正結合，以正為主。」

田武認真地點了點頭。他感覺今天祖父說的太精彩了，真是字字珠璣，自己儘管還不能完全領會，還來不及認真品味，但是他已經牢牢記在腦子裡了。

這一局的結果當然還是田武輸了。田書最後撫摸著田武的頭，愛憐地說：「孫兒，最後你還要記住一條，下棋與做其他事情一樣，一定要專心致志，切不可一心二用。」

田武把祖父的話記在了心裡，平日裡除了看書、習武，有時間就思索棋藝，越思索越感覺有意思，真可謂方寸之間，藏有千秋。

隨著時間的推移，田武的棋藝也在不斷進步。慢慢地，父親田憑已不是他的對手，祖父田書有時也會敗北。

田武在實戰中不斷地總結對弈的經驗，結合祖父、父親對棋的感悟，不斷地推敲，並陸續地寫了下來，經過一段時間的積累，最後他寫成了《弈經十三篇》。

《弈經十三篇》包括棋局篇、得算篇、權輿篇、合戰篇、虛實篇、自知篇、審局篇、度情篇、斜正篇、動微篇、名數篇、品格篇和雜說篇。

《弈經十三篇》以齊國流行的陰陽說為基礎，運用辯證的觀點，把對弈中雙方攻守的轉換及其開局、佈局、定勢、謀算等技巧與軍事謀略相結合，將軍事理論融入到對弈之中。

《弈經十三篇》的撰著，一方面得益於年輕的田武天資聰穎、博覽群書、善於總結，另一方面也得益於祖父、父親及叔叔司馬穰苴的諄諄教導。

特別是祖父對他的影響非常大，《弈經十三篇》中到處都能找到祖父的軍事謀略思想。

《弈經十三篇》的撰著，鍛鍊了年輕田武的辯證思維能力和文字組織能力，為其日後在這方面的發展奠定了基礎。

《弈經十三篇》從某種意義上說，就是後來《孫子兵法》十三篇的一個雛形。

齊景公賜姓孫氏

西元前 523 年，田武 29 歲，這是田武人生中的一個重要年份，因為就在這一年，因齊景公賜姓孫氏，而由田武改姓名為孫武。

這事要從齊景公伐莒說起。

莒國是春秋時期位於齊國南部的一個小國，疆域包括今山東諸城、沂水、莒縣、日照等地區，都城在莒，即今山東莒縣。

因為莒國太小，所以很早就向齊國臣服，是齊國的一個附庸國。

齊襄公的時候，齊國發生了內亂。齊襄公的弟弟公子小白和公子糾等，害怕遭到連累，相繼離開齊國。公子小白在鮑叔牙的護衛下投奔到了莒國。

西元前 686 年，齊襄公被宗室公孫無知殺死，在莒國待了多年的公子小白立即趕回齊國襲位，當上了國君，他就是齊桓公。自齊桓公執政以後，齊莒兩國關係一直都非常友好密切。

西元前 523 年，齊景公準備巡視南部邊疆地區，然後到泰山祭天。早在這一年的年初，就通知了莒國國君，要求莒國提前修好境內的道路，迎候齊景公過境。

但是，此時的莒國看到齊國近年來宮廷內亂不斷，士大夫把持朝政，相互傾軋，已經沒有了當年的霸主景象，所以暗中與楚國早有來往，漸漸親近楚國而疏遠了齊國。

莒國國君莒共公對齊景公的旨意陽奉陰違，不願執行，並且在此之前莒國已經連續 3 年沒有向齊國進貢了。這次莒共公竟然公開違抗齊景公的旨意，這是齊國絕對不允許的。

西元前 523 年的秋天，齊景公派將軍高發率領十萬甲兵征伐莒國。

齊景公賜姓孫氏

面對齊國強大的攻勢，莒共公嚇得放棄了都城，逃到紀鄣即今江蘇贛榆東北地區去了。

紀鄣城地勢險要，雄踞在高山峻嶺之中的一個高阜上面，四周都是天然的深溝險壑，易守難攻。

莒共公固守紀鄣，高發率兵圍攻了一個多月，沒有任何效果。齊景公對此十分生氣，就罷免了高發的統帥職位。

但是，改派誰去呢？齊景公思來想去，最終想到了田書。

景公知道，田書是田桓子的兒子。此時的田桓子因為年事已高，已經被景公封到高唐養老去了。

田書承繼田氏家族的尚武遺風，得到了田桓子悉心傳授，非常善於謀略，在當時的情況下，改派田書接替高發繼續攻打莒國，顯然是最合適的人選。

經過反覆考慮後，齊景公召見了田書，命他率軍征討莒國。為了鼓勵田書打好伐莒之戰，齊景公「賜姓」田書孫氏，以示對他的器重和厚愛。

古時候，君王賜姓是一種很高的榮譽。從此，在田氏家族中，從田書以後，改田氏為孫氏。孫武的父親由田憑改姓名為孫憑，孫武也由田武改為孫武。

這一消息傳到家裡，孫武全家既為這莫大的榮耀而高興，同時又為孫書遠征莒國而擔心。孫武天天打聽前線的消息，盼望祖父早日凱旋。

孫書來到紀鄣城後，首先察看了地形，見紀鄣城地勢險要，易守難攻，心想，攻紀鄣只能智取，不能強攻，自己決不能成為第二個高發。

幾天後，孫書派出的密探打聽到一個消息：城內有一部分婦人，她們的丈夫早年被莒共公殺死，成了寡婦。現在年紀大了，又被莒共公逼迫日夜不停紡織布帛，她們內心對莒共公充滿了仇恨。

得到這個消息後，孫書立即派出一個兵士，化裝後混入紀鄣城，找到這些婦人，說明來意。

這些婦人都十分願意幫助齊軍攻克紀鄣，殺死莒共公，早日脫離苦海，為丈夫報仇。

到了晚上，在齊國兵士的帶領下，婦人們偷偷登上城頭，把紡織的布帛連接起來，從牆頭垂放下來。

孫書正派人密切注意城上的動靜，見有布帛垂下，知道事情已經成功。於是讓善於攀登的士卒，拽著布帛攀上城牆。

這時，守城的兵士發覺了，不過已經有 60 多個齊國敢死隊員登上了紀鄣城。

孫書當機立斷，命令齊軍齊聲叫喊：「齊軍進城了！」已登上城牆的 60 餘名齊兵，聽到後也一齊狂喊：「齊軍攻進城了！」城上城下喊成一片。

莒共公從夢中驚醒，以為齊軍果真已經攻進了紀鄣城，慌忙帶領家眷打開西城門逃走了。

守城的莒軍見君王都已經逃跑了，還打什麼仗啊！就開城投降了，因此紀鄣城很快就被齊軍占領了。

第二天早晨，齊師全部進入紀鄣城。在齊都臨淄等候消息的孫武，聽說孫書伐莒成功，立即打馬回家，把這一消息告訴了祖母、母親及全家人。

孫家人聽到這個好消息，全家張燈結綵，敲鑼打鼓，鳴放爆竹，以示慶賀，當地大小官員也都來賀喜，齊國上下都期待著孫書早日班帥還朝。

孫家喬遷新居

孫書率領大軍進入紀鄣城，嚴明軍紀，對城裡的百姓秋毫無犯，所以贏得了百姓們的熱烈擁護，全城百姓拍手稱頌。

孫書特別獎勵了協助攻城的織帛老婦人，發給她們豐厚的錢帛，安排她們安度晚年，對有功的將士，孫書列好名單，奏明景公後一併封賞。

孫書留下一批人馬駐守紀鄣，維持治安。待一切安排妥當，孫書擇日班師回朝。

回到朝中，齊景公立即召見了孫書，對其功績大加褒獎。為彰顯他的戰功，景公把齊都臨淄北境的樂安作為「食采之邑」，也就是可以世襲的土地，封賜給了孫書。

退朝以後，孫書、孫憑興沖沖地趕回了莒邑的家中。

孫武迫不及待地問這問那，向孫書詢問伐莒戰役的每一個細節。孫武對祖父的足智多謀深為欽佩，同時也感到無比自豪。

孫書全家邀請了親戚朋友，一起慶賀了3天，然後舉家北遷，喬遷到同屬今廣饒縣地面的樂安，因為這裡從此成了他們家的封地。

孫家遷出後，原來村中的他姓人家也開始以孫姓自居，全都改姓孫氏。時間久了，人們乾脆把村名也改成了孫莊。

樂安城南方距齊國都城臨淄30多公里，西南距離利縣故城10公里，東面距離齊桓公會盟諸侯的柏寢臺4公里。

古濟水流經樂安城西南，與時水、澠水匯合後，又折東而去，匯入大海。

樂安城東臨巨淀湖，屬青丘地面。

境內有淄水、陽水、時水、女水、鳳水、澠水及濟水等河流，土地肥

沃，既有豐富的魚鹽資源，農桑也非常發達。

交通十分便利，商旅輻輳，是齊國經濟、文化較為發達的地區。

青丘地面既是齊侯巡遊、打獵的地方，也是齊國稱霸諸侯的重要糧食基地和養馬基地。

齊景公在樂安城西，建立了養馬城，專門為軍隊飼養馬匹。

景公還在淄水兩岸營造桑林，用以養蠶織帛。

孫武到了樂安城後，稍作安頓，就一個人跑出來把整個樂安城巡視了一遍。

樂安城規模不大，東西長約半公里，南北略微顯得狹窄，不足半公里，基本呈方形。

樂安城雖小，但是它的地理位置和防禦功能卻非常重要。

齊景公把樂安這一戰略要地封給伐莒勝利、立有戰功的孫書，其用意除獎勵孫書外，還有更深一層的用意，那就希望孫書能夠幫他守住齊國的北大門。

樂安城內雖說沒有大型宮殿建築，但也是店舖林立，人來人往，相當繁華。

燕國的商販，多以此為中轉站。他們在此囤積海鹽、布帛之物，然後再結隊販運到燕國賺取厚利。

齊國的商販也多把貨物販運至此，再轉賣給燕商。

樂安制定了鼓勵工商業發展和吸引外商的優惠政策，促進了工商業的發展，帶動了樂安經濟的繁榮。

從此，孫武一家在樂安城安頓下來。孫氏一族繁衍發展，後來成為樂安第一望族大戶。

在樂安穩定下來以後，孫武的婚事開始提上了日程。這個時候的孫武已經到了成婚的年齡了。

孫武在家庭的薰陶和師長的教誨中漸漸長大，從童年、少年很快進入青年時期。按照當時的禮制，男子 20 歲之後就要成家了。

在那個年代，婚姻大事講究門當戶對，況且孫武家可是當時齊國的貴族家庭，更講究這個。

所謂的「父母之命，媒妁之言」是少不了的，孫武的婚事父母早已為他選好了，妻子是當時齊景公朝中大夫鮑國的曾孫女鮑姜。

在齊國，田氏、鮑氏都是貴族，兩家世代友好，彼此親如手足。早在齊景公三年誅滅專權的慶封時，田家的田桓子就和鮑家站在同一戰線上。

在準備剷除慶封時，首先由田桓子邀請慶封在萊地打獵，然後有人故意送來密信，說田桓子母親忽然生病，讓田桓子趕快返回。

田桓子在回城途中破壞了船和橋梁，以斷絕慶封的歸路。齊國都城內由慶封的兒子慶舍主持祭祀太公廟，慶封的甲士守衛宮殿。

田、鮑兩家人商議後，讓兩家的奴隸演戲給慶封的士兵看。當慶舍遭到攻擊的時候，他的士兵還把馬拴得緊緊的，邊吃酒邊看戲呢！

慶舍被殺死後，慶封剛剛打獵回來，路上遇到了來給自己報信的家人，慶封知道自己現在已經不能控制局勢，就逃跑了，後來在楚地被當地人殺死。

剷除慶氏後，田、鮑二族的關係更加密切了。西元前 532 年，田氏、鮑氏再次聯合，打敗了腐朽的舊貴族欒施、高強。

從此，田、鮑兩族更加強大，勢力相當。此後，田桓子在請老退居時與鮑國議定，鮑國的曾孫女鮑姜許配給田桓子曾孫子田武為妻。

按照當時的禮制，男女婚姻大事，要遵從六禮文定，即納采、問名、納吉、納徵、請期和親迎。

孫、鮑兩家定親不久，就進行了前四禮。就等著請期和親迎了。這一年，在雙方老人的操持下，行過請期、親迎兩個儀式之後，孫武便正式把

鮑姜娶到了家中。

鮑姜從小在名門貴族家庭長大，自幼受到良好的家教，加上她聰明穎異，不僅知書達理，而且琴棋書畫、女紅鍼黹，無所不能。

結婚後，鮑姜敬重丈夫，對孫武的飲食起居親自過問，細心照顧。她深明大義，全力支持丈夫的事業和誌向，因此夫婦二人互相恩愛，琴瑟和諧，過著幸福美滿的生活。

同時，孫武也用了很長一段時間，對祖父這次伐莒之戰進行了總結，他認為祖父伐莒之戰取得成功，主要歸功於兩點：

第一，決定戰爭勝負的關鍵，不在軍與兵，而在君是否有道。君有道就能和將相百官，乃至天下萬民同心同德，彼此同呼吸，共命運。只有這樣，官民才能不畏艱難險阻，為君主出生入死。

第二，兩軍交戰，重在用間，用間也就是使用間諜，探明對方的虛實情況。率領軍隊進行千里征戰，是勞民傷財的大事，如果僅僅為爭一朝之勝，如果不肯用間，從而不了解敵情而導致失敗，這就是不仁。孫武認為，明君賢將，之所以能夠在戰場上取得成功，最根本的一點，就在於事先了解敵情。要事先了解敵情，不能向鬼神祈求，不能用類似的事情，進行類比推測，不能用日月星辰運行的度數，去進行推證，因為這些與戰爭是沒有關係的。

要想取勝，就必須從那些熟悉敵情的人的口中去獲取。

以上兩點，構成了以後孫武撰著的《孫子兵法》中《計》和《用間》兩篇的核心。

也就是從這時候起，孫武對自己的人生有了一個明確的目標：認真研究兵法謀略，並把它們撰寫出來。

等哪一天自己也能領兵打仗、馳騁疆場之時，一定要像祖父那樣，做一個頂天立地、保國安民的常勝將軍。

柏寢臺軍事演習

柏寢臺在齊國都城臨淄北部 35 公里的地方,西面距樂安城四公里,是西元前 676 年所建。齊桓公曾經在這個臺上與諸侯會盟,後來也有人稱它桓公臺。

柏寢臺臺高數十仞,方圓五六十畝,臺上殿閣堂皇,室宇壯觀,蒼松翠柏,鬱鬱蔥蔥。臺下闢有一個演武場,為軍兵操練所用。

就在孫武遷居樂安的這一年,柏寢臺上的宮室重新進行了修葺。完工後,齊景公在當時相國晏嬰和一班卿大夫的陪侍下,登上了柏寢臺觀閱齊國軍隊演陣。

由於柏寢臺距離樂安非常近,並且孫武的爺爺是朝中有名的武將,所以孫武也有了一次觀看軍事演習的機會。

軍事演習的前一天,孫武就和爺爺提前來到了柏寢臺。第二天天還沒有亮,孫武就把爺爺給叫醒了。

兩個人梳洗過後,孫書帶著自己的孫子來到了柏寢臺前,等待著齊景公和其他大臣的到來。

大小官員陸續來到柏寢臺,最後一個來的是齊景公,全體官員山呼萬歲。

齊景公擺手讓所有人員起身,官員按次序坐好,沒有座位的只好站在臺前,孫書提前吩咐人在自己身邊給孫武搬了個凳子。

上午 9 時,軍事演習開始。這時只見演武場上,戰車井然有序,戰馬昂首抖鬃,戈矛如林,旌旗獵獵。

左、中、右三軍陣容整齊,士卒精神抖擻,在孫書的號令下,有條不紊地變換著隊形。

隨著擊鼓鳴鐸，軍士吶喊前進，戰馬嘶鳴馳騁，氣勢磅礴，聲震寰宇。

孫武定定地站在柏寢臺上，全神貫注地望著演武場。宏大雄壯的場面，深深吸引著他。

演武陣勢最為壯觀的是戰車，當時齊國號稱千乘之國，戰車非常充足，充分顯示著齊國軍事的強盛。

每乘戰車由四匹膘肥體壯的戰馬駕挽，17名甲兵跟隨，車上乘坐3名甲士。

3名甲士分別叫車左、車右和御者。車左拿弓箭，緊盯前方，車右持長戈，虎視眈眈，御者配短劍，手挽轡韁。

其餘17名甲兵各持兵器護衛在戰車兩側及後邊。只聽得金鼓齊鳴，戰馬奮蹄，戰車疾馳，甲士踴躍，勢若排山倒海，不可阻擋。

孫武第一次親眼目睹這麼盛大的軍事場景，演武壯舉顯示了東方人國的雄風神威，展現了齊軍的無比強大，孫武豪情激盪，思潮奔湧。

孫武想到，從遠古傳說的黃帝戰勝炎帝、蚩尤等四帝，一統中原，到後來商湯討伐夏桀，再到姜太公輔佐周室，率領軍隊消滅商紂，立下頭等功勛而封齊建國，再到齊桓公九合諸侯，一匡天下，稱霸中原，使齊國成為洪洪大國，這一切，依靠的不都是軍事強大嗎？

軍事是國家的頭等大事，關繫著國家的生死存亡，人民的幸福安康，作為一個政治領袖，一個將軍，一定要懂得這些道理。想到這些，孫武感覺自己豁然頓悟。

這時，一陣高亢的山呼「萬歲」聲浪直衝雲霄，打斷了孫武遠在天邊的沈思。

原來是演武完畢，孫書率三軍將士向齊景公行參拜大禮。

看來齊景公對演武挺滿意，當即下令犒賞三軍，吩咐在柏寢宮設宴，

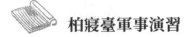

款待孫書及眾位卿大夫，同時命人召來齊國著名的樂師田開，彈奏樂曲助興。

孫武跟隨在孫書身邊，看著祖父親切的面容，想到他剛才操練軍士時威風凜凜、莊重泰定的神情，為有這樣一位久經沙場、叱咤風雲的祖父而自豪。

一位統兵的大將，就是掌管老百姓生命的人，就是執掌國家安危的人，這個職位實在太重要了。

孫武立志將來要做個像祖父一樣的將帥，指揮千軍萬馬，征戰疆場，建功立業。

宏大的演武場面雖然結束了，但是那令人振奮的壯闊情景，還縈繞在孫武的腦際，久久不能離去，他一遍又一遍地回味著演武場中的情景，一遍又一遍地思考著自己祖父在演武場中的一舉一動。

自幼受到軍事世家影響、軍事思想哺育以及尚武精神薰陶的孫武，通過觀察演武，領悟到兵法的至關重要。

孫武決心學習前人兵典，研究戰爭的普遍規律，探求軍事原理，總結戰事經驗，形成自己的兵家思想。

柏寢臺學習琴藝

柏寢臺軍事演習對孫武的影響是多方面的，除了宏大的軍事場面和祖父指揮若定的神情，還有一個就是田開的琴聲。

田開的琴聲實在太優美了，以至於在以後的很長一段時間裡，伴隨著孫武頭腦中宏大軍事場面的，就是這琴聲。

這個演奏古琴的田開，其實也是孫武的一位祖父，他是孫書的哥哥，按輩分孫武應該叫他伯祖父。

不過這個伯祖父一直在京城伴隨君王左右，孫武見他的時候還很小，所以孫武對他這個伯祖父基本沒什麼印象。

不過這次軍事演習，卻給孫武近距離接觸田開提供了一個好機會。在軍事演習結束後，孫武的祖父和父親帶著孫武一起來拜見田開。

田開看到孫武長得聰明英武，也非常喜歡。一家人團聚，自然是都非常高興。

因為田開很少回家，所以孫武一家人都盛情邀請田開在老家住上一段日子。

田開也確實想在老家待一段時間，就向齊景公告假。齊景公看他們一家人團聚，就給了他一個月的假期。

這一個月的時間，給孫武提供了聆聽伯祖父教誨的機會。他對田開淵博的知識和精湛的琴藝十分欽佩，田開也對自己這個孫子特別看重，所以兩個人大有相見恨晚的感覺。

在孫武的強烈要求下，田開答應教他彈琴。

學琴的地點就在距離樂安城不遠的柏寢臺，因為這裡既寬闊，又安靜，是一個非常適宜彈琴的地方。

　　這一天，孫武又一次登上柏寢臺，專門向伯祖父田開學習琴藝。田開讓僕人取來一架古琴，放在孫武面前。

　　田開知道孫武受過庠序的教育，基本樂理差不多都已經知曉，對古琴以前也有接觸，所以田開並不從基礎教起，而是直接教孫武學習比較深奧的琴理。

　　田開說：「琴樂分兩種，一種是武樂，一種是韶樂。武樂是周武王所作，他因為害怕軍隊和百姓不能持久敬服他，因此，創作了樂歌來警戒大眾。」

　　田開的這番理論是孫武以前聞所未聞的，所以立即引起了他的極大興趣。

　　田開繼續說：「武樂一共有六部分組成，第一部分是出兵伐紂，第二部分是滅商，第三部分是開國，第四部分是南國諸侯歸附，第五部分是分陝而治，第六部分是歌頌天子，這是武樂的主要部分。」

　　「下面再給你介紹一下韶樂。」田開喝了一口清茶繼續說，「韶樂就是我們齊國現在最流行的樂曲。據傳韶樂本來是東夷的音樂，後來舜進行了加工，創造出了簫韶。」

　　「簫韶是在石磬、鼓的伴奏下，由化裝成鳥獸的人邊歌邊舞，反映先民狩獵生活的原始樂舞。這個樂舞傳至夏代。夏後更名為九韶、九代。周立國後，就用韶樂作為宮廷大樂。」

　　孫武一邊靜心細聽，一邊暗暗佩服田開淵博的知識，同時，也使自己明白了一個道理，那就是藝不壓身，人的知識不嫌多，淵博的知識是幹好每一件事情的基礎。

　　「那我們齊國流行的韶樂就是舜創造的韶樂嗎？韶樂作為宮廷大樂又怎麼會在齊國民間流行的呢？」孫武見田開講完，又乘機插話。

「這個問題問得好。韶樂是齊國開國君主姜太公引入齊國的，受到太公因俗簡禮的基本治國方針影響，齊國的宮廷與民間就沒有像周王室那樣森嚴的界限。在這樣的情況下，韶樂受到齊國俗樂的積極影響，融入了相當程度的地方色彩，從而更加突出了作為樂舞表現力的廣闊性以及親和性的特點，使其在民間得以流行開來。」田開微笑著回答說。

祖孫兩人有問有答，無拘無束。

孫武欽佩田開淵博的知識，精湛的琴藝；田開喜歡孫武勤奮好學，善於鑽研，思維活躍。

一個真心學，一個實心教，孫武的琴藝在田開的精心教導和悉心傳授下，進步神速。

幾天後，田開叫過孫武，讓孫武當著他的面彈琴。一曲彈完，田開大為驚奇地說：「你剛來的時候，和弦不準，指法也生疏，想不到沒幾天工夫，你的琴藝進步竟如此神速，看你的指法純熟，疾徐有致，高低合度，一般琴師，也都趕不上你了。」

聽了田開的考獎，孫武心中當然十分高興，不過他知道自己的琴藝與伯祖父的還差得遠，所以他一面對伯祖父的誇獎表示感謝，一面說自己還有太多的東西需要向伯祖父學習。

田開為孫武有這樣的學習態度而高興。

在以後的練習中，孫武更加刻苦，有時彈琴忘記了吃飯，忘記了睡覺，達到了忘我的境界。

一個月後，孫武已經把田開教授的古曲全部學會，剩下的只是多加時日練習的問題了。

時間過得真快，轉眼一個月的快樂時光就要過去了，田開不得不重新回到京城。

 **柏寢臺學習琴藝**

　　臨分別的時候，田開送給孫武一架自己最心愛的古琴，作為紀念，孫武千恩萬謝，一直把伯祖父送到很遠，孫武還要送，田開把他攔住了。

　　田開說，早晚總是要分別的，你回家吧！沒事的時候，就練練我教你的琴，以後還有見面的機會。祖孫兩個人這才灑淚分別。

進行戰地考察

孫武在樂安安家以後，心中強烈的願望使他食不甘味，寢不安席。儘管夫人鮑氏端莊淑惠，善解人意。兒子孫馳已滿週歲，開始纏繞在孫武膝頭咿呀學語。

孫武想自己已經到了 30 歲，這在古代叫而立之年，也就是說男人成家立業的時候。

雖然自己還未曾入仕，但孫武一直在等待時機，準備大展宏圖，轟轟烈烈幹一番大事業。

此時孫武的頭腦中，充滿了戰爭的各種謀略和軍事思想，他的書房裡也堆滿了關於戰爭的簡書以及平時寫的筆記。

編寫一部戰爭謀略書的計劃及框架，在孫武頭腦中日見清晰。

但是，孫武總覺得還缺少很多東西，那就是關於戰爭的親身感受和真實經歷，雖然缺少這個環節，也不是不能寫作，但總感覺有點紙上談兵的味道，甚至有時連自己也不會信服。

經過一段時間的認真思考，孫武決定從齊國開始，走出去考察各國古戰場及軍事要塞，增加自己的閱歷。

孫武把這一想法告訴了祖父孫書和父親孫憑，得到了他們的贊成與支持。

第二天，孫武帶著兩名家丁，辭別祖父母、父母，辭別愛妻嬌兒，踏上旅程。

這時，剛好是陽春三月，嫩芽透出嫩綠的新色，小河也開始了嘩嘩的行程，小鳥也唧唧喳喳唱起了輕快的歌謠，還有那紅色的花朵，也在一夜之間悄悄地展開，唯恐白天被人們看到會害羞。

這裡是一片寧靜，一片和諧，山清水秀，紅花綠葉，鳥鳴魚戲，完全感覺不到當年曾是萬馬嘶鳴、刀兵交接、屍骸覆地、鬼泣神愁的征戰之地。

孫武來到兵塞葵丘。

葵丘也叫渠丘，在今山東臨淄西，是齊國都城近郊的一處軍事要塞，也是歷史上齊桓公兩次會盟諸侯的地方。

一次是西元前 651 年，齊桓公在葵丘召集魯、宋、鄭、衛、許、曹等國開會，重申盟約。

周襄王為感謝桓公的支持，特地派太宰周公孔送去他祭祀祖先的祭肉給桓公，表示對他的特殊榮寵。

另一次是在周襄王送祭肉的這年九月，齊桓公再次在葵丘大會諸侯，訂立新的盟約。

盟約中聲稱：凡是參加結盟的國家，以後要言歸於好，不要再相互攻擊。齊桓公中原霸主的地位達到鼎盛時期。

孫武對於這些舊事當然非常了解，同時又因為這個地方離自己家最近，所以他才把葵丘當作自己考察的第一站。

孫武帶著幾個僕從，一起出了樂安城，順著官道向南，經過利城，往南幾十里，到達了葵丘要塞。

孫武站在葵丘兵塞，回想著當年桓公創立的霸業，轟轟烈烈幹一番偉業的豪情壯志油然而生。

每到一處地方，孫武總要分析這裡的地形是屬於通、掛、支、隘、險、遠六種地形中的哪一種？在戰爭中哪一種地形容易產生走、弛、陷、崩、亂、北六種情況？

同時，孫武從用兵的原則來區分這裡的兵要地理是散地、輕地、爭

地、交地、衢地、重地、圮地、圍地或死地。

孫武清楚地看到地形是用兵的重要輔助條件。為奪取戰爭的勝利，如何判斷敵情，考察地形險易，計算道路遠近，這是交戰中的將領必須掌握的方法。

懂得這些道理去指揮作戰的，必然會勝利；不懂這些道理去指揮作戰的，必然會失敗。

這些知識積累和軍地理論，成為後來孫武撰寫的兵法十三篇中《地形》和《九地》兩篇的基本素材。

孫武帶著家丁，花了幾天的時間，對葵丘兵塞及周圍地理地形進行了全面細緻的考察。然後，直奔下一個考察目標，齊魯乾時之戰的戰場乾時。

乾時是對時水下遊一段的統稱，流經的區域主要在今天山東省廣饒縣。時水源頭在今臨淄矮槐樹村東，是一條季節性的河流。

雨季的時候，水勢極大，容易釀成山洪，洪水從山谷中衝出，切開堅硬的棕紅土壤，劈成一條深幾十米，寬 20 多米陡立的河溝。旱季，溪水斷絕，裸露出極陡且深的河床，成為一道天塹橫亘南北，易守難攻。

齊桓公就是憑藉著這一有利地形，大敗魯國軍隊的。當時齊國的內亂剛剛平定，齊桓公新立，魯國人以為這是進攻齊國人的大好時機，首先向齊軍發起攻擊。

但是，讓魯國人沒有想到的是，齊桓公就是憑藉著乾時天塹，把魯軍打得大敗。魯莊公乘坐的車子成了齊軍的戰利品，魯莊公也差點當了齊軍的俘虜。

孫武站在乾時岸邊，望著滾滾河水，回想著齊桓公大敗魯軍的乾時之役，對地理環境在軍事作戰中的影響有了更深的理解與體會。

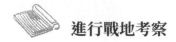

作為軍事將領，統率三軍，懂得利用好天時、地利，才能有把握取得戰爭的勝利。

孫武在前面走，家丁牽著馬在後跟隨，沿著乾時西岸，邊走邊看，直至到達乾時上遊的時水。

時值夏日雨季，河水暴漲。山上積聚的雨水，以極快的速度，沿著山澗，由高處向低處急湍流淌。

在巨大水流的衝擊下，孫武看到山上巨大的樹木被連根拔起，快速衝向下遊。

孫武正感嘆著水流的力量，忽聽到巨大的「轟隆」聲，他順著聲音望去，就見山澗邊突立的巨石，轟然倒下，石塊在水流的衝擊下，翻滾著衝向下遊。

孫武被水流巨大的力量驚呆了。他久久凝視著湍急的水流，體會著流水中蘊涵的巨大的「勢」。

孫武從激流漂石的自然現象中，忽然想到了一些軍事戰爭的基本道理：兩軍交戰，勝方也必須擁有強大的勢，具有壓倒一切敵人而不被敵人戰勝的絕對優勢。

只有在我方的軍事實力與敵軍相比處於絕對優勢的前提下，才能真正保證我軍的全勝。

當然這些思想孫武以前也不是不知道，但是以前更多的是表面的理解，沒有今天感覺那樣真切，那樣體會深刻。這些關於勢的思想，構成了孫武軍事理論的重要組成部分。

登泰山觀看齊長城

考察過乾時古戰場後，孫武帶領家丁繼續向南前行，他們一路經過顏山、鳳凰山，到達了著名的泰山。

泰山，以拔地通天之勢雄峙於華夏的東方，以五嶽獨尊的盛名稱譽古今。

泰山地處中原東側，盤亙於齊魯大地，東臨黃海，西襟黃河，雄偉壯麗，氣勢磅礡，風光旖旎，是華夏神山。

孫武和幾個家丁在泰山極頂風餐露宿，第二天一大早，天氣晴朗，他們在日觀峰舉目遠眺東方。

但見萬壑收冥，千巖送曉，一線晨曦由灰暗變成淡黃，又由淡黃變成橘紅，繼而天空的雲朵，紅白交輝，瞬息萬變，有的像萬馬奔馳，有的像神牛角鬥，有的像鳳凰展翅，有的像孔雀開屏。

泰山上的氣候瞬息萬變，方才還是朗朗晴空，彤彤紅日，突然，一陣狂風襲來，密雲濃霧籠罩了西邊大大小小的山峰壑谷，只有東邊尚有強烈的陽光照射。

孫武和僕人們一邊走，一邊欣賞著泰山的美景，不知不覺來到了碧霞元君祠。

一想碧霞元君和姜子牙的故事，孫武不禁笑了，跟隨的僕人不知道怎麼回事，就問孫武。

於是孫武一邊走，一邊跟僕人們講起了這個有名的故事。

傳說姜子牙輔佐周武王建立了周氏王朝後，天下統一，武王認為大臣們開國有功，應該重重有賞。

可是，想來想去，周武王卻找不出合適的禮物，最後，武王還真想出

了個絕頂的好主意，把全國的領地都分給大臣們。

這樣一來，既顯示了他武王的慷慨，又能說明他對大臣們的信任，同時考驗大臣們是否真的忠君報國，再者，武王這樣也就輕鬆愉快，落得清閒地做他的天子就行了。

主意一定，武王便把封地大權交給了軍師姜子牙，讓他分封諸侯。

卻說姜子牙分封諸侯，封來封去把全國其他的名山大川、風水寶地都封盡了，就留下了一座東嶽泰山。

姜子牙早就知道泰山氣勢雄偉，風景秀麗，是個供人遊玩的好地方，他原準備把泰山留給自己，可誰知半路裡又殺出個程咬金，武王的護駕大將黃飛虎找上門來，非要把泰山封給他不可。

兩人正在商榷，不知誰又走漏了風聲，黃飛虎的妹妹黃妃也來找姜子牙要地盤，說是武王答應她，要她來找姜子牙。

這下可好了，三個都看準了泰山這塊寶地，可總不能切三份呀！這到底如何是好呢？

事到如今，只黃氏兄妹就夠姜子牙纏的了，自己便不得不打消了獲得泰山的念頭。不過放棄了也怪可惜，他心中也有幾分不樂意。這時，姜子牙見黃氏兄妹一個憑護駕有功，一個仗武王後臺，兩人爭得面紅耳赤。

於是，姜子牙就賭氣地對他們說：「好了二位，誰也別爭，誰也別搶，憑自己的本事，誰先登上泰山，泰山就是誰的。」

黃飛虎一聽，不禁拍手叫絕。他想：憑我一身氣力，泰山還能有黃妃的份？可是，身單力孤的黃妃，也沒有一點懼色，一口應允了。

黃飛虎是個四肢發達、頭腦簡單的武夫，比賽日期一到，便騎上他的麒麟，日夜兼程，從京都直奔泰山。

黃妃為比賽絞盡了腦汁，終於想出了一條妙計。

比賽一開始，黃妃先將自己的鞋子脫下一隻，使了個神法，將鞋子扔到玉皇頂上。

然後，黃妃才不慌不忙地向泰山趕來。等到黃妃爬上泰山，兄長早在南天門上等得不耐煩了。

黃飛虎見黃妃姍姍來遲，便對她說：「不行就是不行，別逞能。這回你該服氣了吧？」

「真是豈有此理！是我先已到此，我以為你在路上出了什麼事，前去接你，不想你已繞道趕來。」黃妃一本正經地說。

「你別胡攪蠻纏，你說先到，有何證據？」黃飛虎還真有點著急。

「證據嗎？當然有，你來看吧！」

黃飛虎跟著妹妹來到玉皇頂，只見黃妃的一隻繡花鞋端端正正地放在石坪上。

儘管有證有據，黃飛虎卻從心裡不服氣，不禁斥責妹妹說：「你耍滑頭。」

黃妃不緊不慢地說：「憑本事嘛！怎麼是耍滑頭？」

黃妃自知紙裡包不住火，光是兄長一人好對付，等姜子牙他們來就麻煩了。

黃妃作出無可奈何的樣子對兄長說：「咱們兄妹二人，本該是你敬我讓，不分你我才是。這樣吧！我住山上，你住山下，咱們共管泰山總可以了吧？」

這樣一來，先來的黃飛虎倒做了不曉世理的孬種，後到的黃妃倒成為慷慨大度的好人，把個黃飛虎氣得直翻白眼。可也沒有辦法，誰讓她是自己一母同胞的妹妹呢！只好答應了。

等姜子牙趕來，一看便知道黃飛虎上了妹妹的當。

登泰山觀看齊長城

　　可是姜子牙見黃氏兄妹都協商妥了，也不好再把事情說破，只好將計就計，把黃飛虎封為泰山神，把黃妃封為碧霞元君，一個在山下天貺殿，一個在山頂碧霞祠。

　　聽孫武講完，僕人們也止不住樂了，他們說：這可真是兵不厭詐啊！沒想到這個黃飛虎敗在了他妹妹的手下。

　　越過泰山，孫武他們終於看到了久聞大名的齊長城。

　　齊長城，始建於春秋初期，因為這個時候周室衰微，諸侯之間互相征戰，各國為了保護自己，爭霸天下，紛紛築城設防，齊長城就是在這樣的背景下興建的工程。

　　齊國東面和北面瀕臨大海，西面則有黃河和濟水天塹，防守的重點是南方比較強大的魯國。

　　於是，齊國歷代君王在西起濟水之濱的平陰防門，越過泰山，沿泰沂山脈頂部蜿蜒向東，修築了一道堅固的城牆。

　　齊桓公執政以前，齊長城已經粗具規模。長城以北是齊國土地，長城以南是魯國土地。

　　齊景公執政後，在賢相管仲的英明治理下，齊國國勢日盛，而當時魯國因內亂，國勢大不如前。

　　齊國勢力乘機越過長城，把號稱「五嶽之尊」的泰山，也納入齊國版圖。

　　孫武登上長城，極目遠眺，遠處層巒疊嶂，道道山巒掩映在秋色之中。常綠松樹與枯黃野草，為山巒披上富麗的盛裝。

　　孫武完全被眼前的美景吸引，深深陶醉在美好的河山之中。漫步在城牆之上，孫武既欣賞著美麗的秋色，又細心地觀察著這極具防禦之勢的戰略要地。

　　此時的長城儘管深入齊國腹地，不像戰時那樣緊張，但仍然顯示出它

雄偉、壯觀的魅力。

孫武觀察到，長城的建築結構及其形式，採用了「因地形，因險制塞」、「因地制宜，就地取材」的原則。

在平原田野裡，就採用聚土夯築的方式，建造長城；在山凹處，一般都用砂石混築，或者兩側砌牆，中間填上沙土；在深山懸崖的地方，就直接隔過去，用天然的山險代城；在川流湍急的溝壑上，或者架橋，或者設關卡。

城牆上有堆口，瞭望孔，下設附牆、站臺，寬窄不一，靈活多樣。在沿途軍事要塞或制高點上，內設城牆，外築烽燧，到處都有重兵在把守。

孫武在與把守城牆官兵攀談中了解到，設在長城上的主要關隘有防門、長城鋪、青石關、錦陽關等幾十處。

在接下來的數天裡，孫武先後考察了青石關、城子關、穆陵關等多處關口。

青石關位於萊蕪和博山交界處，有「一夫當關，萬夫莫開」的氣勢，城子關位於馬鞍山兩側，這裡距齊國的都城臨淄最近，順淄水南下就能到達，是南通魯國的重要門戶。

位於臨朐、沂水邊界的穆陵關，則是通往魯東南的咽喉，有「齊南雄關」、「齊南天險」之稱。這些險關、要塞，都是兵家必爭之地，孫武一一牢記在心裡。

孫武出穆陵關繼續向南，這裡仍然是齊國的土地，有齊軍駐守，不過這裡已經離齊魯邊界不遠了。

很快，孫武就來到了齊魯兩國現在的邊境，位於蒙陰的堂阜，再往南走，越過汶水，就是魯國的地面了。

孫武來這裡，一是想觀察一下齊魯邊境的情況，二是想到浮來山下堂阜水發源地，親自看一眼一代賢相管仲破枷脫囚的地方。

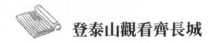

登泰山觀看齊長城

　　孫武站在管仲破枷脫囚處，心裡生出無限感慨。一方面他為管仲和鮑叔牙之間的友誼而感動，另一方面為鮑叔牙幫管仲脫險的計謀所折服。

　　另外，他還為管仲幫助齊桓公「九合諸侯，一匡天下」，完成春秋霸業而由衷地敬佩不已。

　　踏著前代偉人的足跡，孫武心中也有許多渴望，許多理想，他多麼希望自己將來也能像管仲那樣，輔佐明君，建立千秋功業啊！他期望著有一天這個理想能夠實現。

到都城臨淄考察

孫武在齊國南部考察了兩個多月，深秋時節回到了國都臨淄。雖然這不是孫武第一次來到都城，但是以前他卻沒有真正對這個城市進行細緻考察研究。

臨淄是齊國的都城，是齊國政治中心、文化中心、軍事指揮中心和經濟管理中心。

臨淄城歷史悠久，太古太昊伏羲氏興起就在這裡。這裡又是五帝之一的顓頊高陽氏的故墟。

古帝少昊的時代，以鳥為圖騰的爽鳩氏族部落曾聚居在這裡。虞舜時期至夏代，有季氏族部落居住在這裡。

殷商時期，有姜姓逢伯陵氏居住在這裡。殷商末年，有蒲姑氏居住在這裡。

太公姜尚封國之初建都營丘，六世胡公曾一度徙都薄姑，西元前859年七世獻公又徙都臨淄，算來已經300多年。

在齊國歷代國君的經營下，齊都臨淄已發展成為擁有6萬人口，店舖林立、商賈雲集的東方大都市。

孫武這次來臨淄，與以前的目的不同，主要是為考察臨淄及周圍的地理環境，為撰著兵書和以後統兵打仗作準備。

孫武安排好住宿，獨自一人走上街頭，沿著城牆與護城河，邊走邊看，細心觀察。

臨淄城因緊臨淄水而建，故名臨淄。淄水源出原山之陰，溝通9條大山谷，有十數條河流注入，流經天齊淵、稷山、牛山到臨淄城東，進入開闊的平原。

河道窄的地方只有半公里地左右，寬的地方有幾公里地，兩岸陡立，有 10 多米高。

雨季洪水下瀉，河水暴漲，舟船不通。雖然在旱季，水勢依然很大，這是因為有天齊淵調劑。可以說，淄水就是臨淄城一道不可踰越的護城河。

臨淄城由近似長方形的大城以及西南角的小城組成。大城南北長約 5 公里，東西寬大約 4 公里，是官吏、平民以及商人們住的地方。

小城南北長也有兩公里，東西寬約一公里，是國君居住的宮城。城牆全部用夯土築成，牆基寬 30 米左右。

大城有東、西門各一座和南北門各兩座，小城東、西、北門各一座，南門兩座。

南、西、北護城河與淄水相連。城內交通幹道四通八達，有 10 條大道與城門相通。

從當初選址建城，到以後的多次建設，前後相輔相成，大大強化了城池的防衛功能，使整個都城構成了一個嚴密的防衛體系。

第二天，孫武騎馬出了臨淄城，察看臨淄城周圍的防守體系。孫武在齊都周圍的山嶺沼澤中考察了近半個月。

這裡多變的地形、秀麗的山水都給了他無限的靈感。孫武一邊仔細考察，一邊結合讀過的古兵書，認真進行著分析和總結。

孫武察看著各種各樣的地形，分析在不同地形條件下行軍和排兵佈陣的對策。

孫武認為，隊伍在通過山地時，必須在靠近有水草的山谷，並且居高向陽的地方駐紮，當敵人占領高地，最好不要仰攻。

隊伍在橫渡江河時，應該遠離河水駐紮。

如果敵人渡水來戰，不要在江河中迎擊，要等敵人渡過一半時再攻擊，這樣較為有利。

如果在江河地帶紮營，也要居高向陽，不要面迎水流。

當隊伍走進了鹽鹼沼澤地帶，要迅速離開，不要在這些地方長時間逗留。如果同敵人相遇於鹽鹼沼澤地帶，那就儘量要靠近水草，最好還要背靠樹林。

如果在廣闊的平原作戰，要迅速占領開闊地域，而主要的側翼要依託高地，前低後高。

渡河作戰的時候，如果上游下雨，洪水突至，就要嚴禁涉水，應等待水流平穩後再通過。

通過「天澗」、「天中」、「天牢」、「天羅」、「天陷」、「天隙」等特殊地形的時候，必須迅速離開，不要接近。

一個稱職的將帥，就應該做到讓自己的隊伍遠離這種地形，而設計讓敵人靠近它，併合理利用這種地形去攻擊敵人。

孫武還認為，打仗不在於兵力多就好。只要不輕敵冒進，查清楚並善於利用好周圍的地形，摸清敵情，做到知彼知己，知天知地，最後集中兵力，完全可以消滅比自己強大的敵人，並最終取得戰爭的勝利。

實地考察魯國

孫武從都城臨淄回家後，在家一邊研讀兵書，一邊結合自己的實地考察，記錄著對軍事謀略、軍事實戰的心得體會，不知不覺一個冬天過去了。

春暖花開，孫武打算繼續外出考察。這一次，他打算到別的國家去遊歷一番，首先到哪個國家呢？

思來想去，孫武想到了鄰國魯國。魯國距離齊國最近，很容易到達，到魯國可以看一看魯國的都城曲阜，還有齊魯長勺之戰的古戰場長勺。

另外，孫武很早就知道「周禮盡在魯矣」的說法。在周代的眾多邦國中，魯國是姬姓宗邦，諸侯望國，所以也是與周血緣關係最近的小國。

魯國是典型周禮的保存者和實施者，世人稱頌。各國諸侯了解周禮也往往到魯國學習，魯國是有名的禮儀之邦。

魯國與周禮的這種密切關聯，使得魯國形成了謙遜禮讓的淳樸民風，同時也使魯國國勢的發展受到了很大的影響。

概括講來，周禮的內容應該包括禮義、禮儀或禮節三個層面。禮義是抽象的禮的道德準則，禮儀或禮節是具體的禮樂制度，可大致分為吉、凶、軍、賓、嘉五大方面。

當然孫武到魯國，主要目的不是研究禮儀，而主要是軍事。

但是首要問題是，如何去魯國呢？因為這畢竟是到另外一個國家，怎麼才能通過邊境的盤查，孫武自有辦法。

當時齊國商業非常發達，名冠各諸侯國。

齊國最主要的資源是鹽，為他國所缺少，而鹽又是人們日常生活的必需品，所以各諸侯國對鹽的運輸基本上不加干涉。

孫武以販運海鹽者的身分，很容易就到了魯國的都城曲阜。

魯都曲阜不大，不及齊都臨淄的五分之一，城防也遠不如臨淄城堅固，更比不上齊都臨淄繁華，但卻處處蘊涵著深厚的文化底蘊。

孫武隨商人們安頓好住宿，便走出驛館，對曲阜進行了一番考察。

孫武在他人的介紹下，參觀了魯國的檔案圖書館，他看到了保存完好的《周易》，還有魯國的一些檔案資料以及魯史《春秋》，真切地感受到了「周禮盡在魯」的說法。

但是，在接下來的幾天裡，孫武發現魯國真正的情形是「三家強大，公室衰微」。

三家指的是孟孫氏、叔孫氏、季孫氏 3 個家族，因為他們都是魯桓公的兒子，所以又被稱為「三桓」。

三桓各自培植私黨，彼此明爭暗鬥，魯君的勢力早就衰弱不振，魯君成為名副其實的傀儡，國勢岌岌可危。周禮在魯國形同虛設，早已是名存實亡。

孫武看到這一點，也更深地體會到要使國家富強，只有走富國強軍之路。

在禮與利兩者中間，孫武選擇了利。這也成了孫武軍事謀略思想的出發點，與利符合就行動，否則就只能是靜觀其變，等待合適的時機，不能作無利的事情。

幾天後，孫武專程來到位於曲阜以北的長勺，實地考察齊魯長勺之戰古戰場。長勺之戰是齊桓公繼位第二年，對魯國發動的一場戰爭。

長勺之戰前，管仲曾經極力勸諫齊桓公，不要發動這次戰爭，但是齊桓公一意孤行，為報魯國支持公子糾與自己作對的仇恨，同時也想乘乾時之戰的餘威，將齊國的軍事力量發揮到極致，於是採取了貿然進攻魯國的行動。

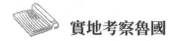

實地考察魯國

當時，齊魯兩軍在長勺擺開戰場。齊軍仗著人多勢眾首先發起衝擊，企圖一舉殲滅魯軍。魯莊公本想擂鼓迎擊，被自願前來參戰的普通國人曹劌阻止了。

曹劌是一位頭腦冷靜的指揮員，他等到齊軍向魯軍發起第三次衝鋒後，才讓魯莊公擊鼓下令向齊軍反擊。魯軍一個衝鋒反擊就把齊軍打垮了。

齊軍大敗，魯莊公急著追擊，又被曹劌攔住，他下車察看齊軍退走的路徑，登車瞭望敗逃的齊軍陣容，確認齊軍確實敗退後，才讓魯莊公下令追擊。

就這樣，魯軍一直把齊軍趕出魯國國境。這就是著名的以少勝多、以弱勝強的長勺之戰，也是著名的典故「一鼓作氣」的來歷。

孫武在很小的時候，就曾經幾次聽爺爺講過這個故事。隨著年齡的增長，理解力的增強，他對曹劌的足智多謀與沈著冷靜越來越佩服。

今天竟然能夠與長勺古戰場這麼近距離接觸，孫武有說不出的興奮，同時也對於這次大戰有了更深的體會。

孫武認為，齊強魯弱，勢在齊軍方面。曹劌的聰明在於避實擊虛，善於製造和利用勢。

曹劌把握時機，一舉擊敗齊軍。「一鼓作氣，再而衰，三而竭」，講的正是戰場上雙方勢的相互轉化。

孫武關於勢的分析，構成了他後來兵法十三篇中《勢》篇的基礎。

來到遙遠的晉國

孫武遊歷了齊魯山川，考察了乾時、長勺等古戰場後，感覺還需要再到另外一個國家看看，到哪個國家呢？

思來想去，孫武決心去晉國看一看。

對於晉國，孫武還是比較熟悉的，特別是晉國在城濮戰役中一戰成名，令各國為之側目。孫武對這段戰爭故事當然非常清楚。

城濮之戰發生於魯僖公二十八年，它是春秋時期晉、楚兩國為爭奪中原霸權而進行的第一次戰略決戰。

在這場戰爭中，楚軍在實力上占有優勢，但是由於晉軍善於「伐謀」、「伐交」，並在戰役指導上採取了正確的揚長避短、後發制人的方針，從而最終擊敗了不可一世的楚軍，雄霸中原。

另外，孫武對晉國的國內形勢，也是比較了解的。因為他的祖父和父親曾經跟他講過曾祖父田桓子出使晉國的故事。

而且晉國是當時的一個大國，非常強大，晉文公還曾經繼齊桓公之後，成為讓各國敬仰的春秋霸主。

不過，曾祖父的時代離現在已經有些年頭了，不知道晉國現在的情況變得怎麼樣了？

孫武懷著急切的心情，打點好行裝，跟上齊國的商隊，踏上了去晉國的路程。

晉國可要比魯國遠多了，對於當時的交通條件來說，可不是一天兩天就能走到的。

孫武和那些能吃苦的商人一樣，橫渡黃河，翻越太行，一步步走到了晉國。

來到遙遠的晉國

晉國是周王室的北鄰，它是周成王滅掉唐國後建立的一個侯國，始封君是周成王的弟弟叔虞。

孫武小時候就聽長輩講過「桐葉封弟」的故事，當時，周成王親政當天子時，叔虞還小。

一天，成王同這個小弟弟玩耍，把一片桐樹葉剪成一個圭形送給叔虞，並開玩笑說：「我就以這個封你為諸侯吧！」這句話被周公聽見，就要求真正兌現。

成王說：「我是和他開玩笑的。」

周公說：「天子無戲言。」

於是成王就封叔虞於唐，建立了唐國。叔虞的兒子燮父把都城遷到晉水旁，改國號為晉，這就是後來稱霸的晉國。

晉國是繼齊國之後第二個稱霸的大國。西元前 636 年，重耳當上晉國國君以後，安定周王室，擴充軍隊，把原來的兩路大軍擴大到三軍。

同時，晉國確立了軍中元帥的建制，由元帥統領三軍。此外，採取尚賢任能的用人方針，晉國的軍事實力迅速增強，晉國的軍隊成為當時最強大的軍隊。

其後，晉國為爭奪霸主地位，先後進行了晉秦崤之戰，晉楚城濮之戰，晉楚邲之戰和晉齊鞌之戰，通過這些大的戰役，晉國確立了自己的威信，並最終成為春秋霸主。

孫武以齊國鹽商的身分，每天穿行於市井街頭，時間不長，便了解了晉國的許多情況。

在軍事方面，晉國雖然表面上很強大，有兵車 4,900 乘，但是戰鬥力卻不強。

晉軍的卿不率領車隊，王室的車乘也配不齊甲士，軍隊行列沒有長官，兵車組織基本癱瘓。

在政治方面，晉國也與魯國一樣，君主權力衰落。晉國的大權被韓、趙、魏、范、中行、智六卿掌握。

六卿之間為爭奪公室權力，互相殘殺，流血事件時有發生。

孫武還了解到晉國六卿各自制定了自己的田畝制度和稅收制度。孫武把晉國六卿的情況做了認真地比較分析，並進行了大膽地預測。

孫武認為，晉國六卿中，范氏、中行氏的畝制小，稅收重，士卒眾多，貴族非常富有，但是互相爭權奪利，戰事頻繁，所以，如果滅亡的話，他們肯定首當其衝。

在范氏、中行氏之後，依次滅亡的應該是智氏、韓氏和魏氏，因為這些國家雖然沒有那麼多的紛爭，但是他們都缺乏一種上進心。

通過分析，孫武得出，晉國六卿中只有趙氏能夠實現富國強兵，成為未來的大國。

因為趙氏田畝大，而且免徵賦稅，百姓富裕，趙氏自身相對儉約，雖然養的武士少，但是農民非常富裕，全國上下同心，從這點說，將來晉國一定是趙氏的。

孫武之所以對晉國六卿得出這樣的結論，最根本的是他認為，君王要想取得成功，就一定要愛護自己的子民，只有這樣才能得到民心，也才能實現真正的富國強兵。孫武這次晉國之行，長了很多見識，感觸很深，不久，他就返回了齊國。

鑽研治世名著《管子》

而立之年的孫武，在向祖父、父親及其叔父田穰苴學習之後，又開始向歷史學習。歷史是現實的老師。

孫武為了彌補自己缺乏實際指揮作戰經驗的不足，反覆研究歷史上發生的戰役戰例，實地考察兵塞葵丘、乾時之戰的古戰場和齊長城。

孫武在長時間的外出遊歷之後，回到了自己在樂安城的家中，開始了自己新的生活。

孫武一直有創作一部軍事著作的想法，不過一直沒有能夠實施。經過長時間的積累，孫武感覺可以著手準備工作了。

在進行編寫之前，孫武決定首先對一些重要的書目進行研究性的閱讀。

在這眾多的書目中，前代名相管仲的名著《管子》是不可越過的高山，必須先對這部書進行研究。

管子姓管名夷吾，字仲，諡號敬，故而得別號敬仲。齊桓公尊賢納諫，不計一箭之仇，拜管仲為相，尊稱仲父。

管仲輔佐齊桓公40年，把一個原本貧窮動盪的齊國治理得國富民強，成為春秋時期的第一霸主。

孫武從小就了解到，管仲在齊桓公的支持下，對齊國進行了一系列改革。孫武最感興趣的是管仲關於軍事制度的改革。

管仲根據春秋時期列國形勢和齊國的實際情況，從行政組織與軍事編制上進行了適合於當時情況的體制改革。

管仲把齊國分為國和鄙，國就是指國都城郭以內，鄙指的是城郭以外的地方。

又把國劃分為 21 個鄉，其中 6 個鄉從事工商業，免除徭役、兵役，集中發展經濟。

另外 15 個鄉實行兵農合一，平時耕種，閒時練兵，如果發生了戰爭，立即集合成強大的軍隊。

管仲的軍事改革，使齊國很快成為當時軍事上的頭等強國，為稱霸天下奠定了堅實的基礎。

管仲改革的實質，是廢除奴隸制，向封建制過渡。管仲改革成效顯著，齊國由此國力大振。

對外，管仲提出「尊王攘夷」，聯合北方鄰國，抵抗山戎族南侵。這一外交戰略也獲得成功。

後來孔子感嘆說：「假如沒有管仲，我也要穿異族的服裝了。」

經過不斷努力，管仲輔佐桓公挑起尊王攘夷大旗，經過九合諸侯，最後一匡天下，成為天下霸主。

孫武家中保存有完整的《管子》竹簡抄本，孫武從小已經讀了不下 10 遍，但是感覺自己還是沒能全部把握。

這些簡書是史官對管仲思想言行的真實記錄，後被廣泛傳抄，並加以整理，輯錄成《管子》簡書。孫武家所收藏的，就是眾多抄本之一。

《管子》內容十分龐雜和豐富，內容涉及軍事、政治、經濟、生活的方方面面。而其軍事思想貫串於《管子》全書的始終，為《管子》的主線。

《管子》之所以用軍事作為主線，這是因為受當時周王室衰微，天下動盪，諸侯爭雄的天下局勢的影響，使得管仲的思想融入了較多的軍事成分。

《管子》的主要軍事思想可以概括為 5 個方面，即富國強兵、寓兵於農、軍政一體、先計後計和以人為本。

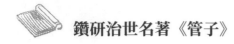
　　孫武逐篇對《管子》進行了細緻、認真的研究，結合自己遊歷齊國各地和魯、晉兩國的心得體會，作了大量的讀書筆記。

　　有些理論，孫武找到祖父、父親進行商討。孫武還乘去臨淄的機會，專門找叔叔田穰苴討教一些問題。

　　田穰苴看到孫武的進步，喜在心裡，對孫武的討教當然是有問必答，有求必應。

　　但是有的問題，這位叔叔也深感非自己能力所及，在與孫武的討論中，越來越感覺吃力。

　　但是，田穰苴還是教育孫武，戰場上的局勢千變萬化。一個合格的將帥要善於在戰場上審時度勢，隨機應變。千萬不可讀死書，切忌紙上談兵。

　　孫武深深牢記這些諄諄教導，從此，遇到問題多作假設，多作設想，充分考慮戰場上可能存在的種種情況，再列舉出種種應對之策。

　　通過這樣的研究性學習，孫武掌握的軍事知識越來越豐富了。

　　同時，孫武對軍事理論的理解也更深刻了，對軍事理論的把握也更加靈活了，這為孫武編寫軍事理論著作奠定了良好基礎。

夜觀天象識強吳

秋天的黃昏，涼風習習，天高雲淡。孫武信步登上樂安城，站立在雉堞旁。這時已經紅日西沈，他仰望天宇，只見蒼穹渺渺，河漢茫茫，新月東昇，星斗璀璨。

孫武立志做一個軍事家，他深深懂得要做一個軍事家，必須上知天文，下察地理，才能審時度勢，順天應人，運籌於帷幄之內，決勝於千里之外。

漸漸地，整幅天象軌跡圖在孫武眼前清晰起來。還有說法是分列的 28 宿，按四方四象排列，順序是這樣的 ：

東方蒼龍七宿 角亢氐房心尾箕

北方玄武七宿 斗牛女虛危室壁

西方白虎七宿 奎婁胃昴畢觜參

南方朱雀七宿 井鬼柳星張翼軫

孫武久久地仰望著北斗，北斗星在不同季節和夜晚不同的時間，會出現在天空中不同的方位，但它卻總是圍著北極星轉動，所以北斗可以用來辨別方向，定季節。

人們就是根據初昏時斗柄所指的方向，來分辨季節的 ：斗柄指東，天下皆春 ；斗柄指南，天下皆夏 ；斗柄指西，天下皆秋 ；斗柄指北，天下皆冬。

這時，孫武記起了《尚書》中的一段話 ：「日月之行，則有冬有夏。月之從星，則以風雨。」

意思就是說，太陽和月亮的運行，產生了四季變化。如果月亮從箕宿那裡經過，就會颳風，從畢宿那裡經過，就會下雨，這是天象的一種規律。

夜觀天象識強吳

孫武領悟到，這些自然因素在軍事上對戰略部署、戰術應用、戰役指揮等起著一定的制約作用。因此，這一切對軍事家來說是應當知悉的。

神秘的天空嵌掛著數不清的星辰，孫武真想洞察它的全部奧妙。此時他的腦海裡浮現出了聽長輩講過的美麗的傳說故事：一個是牛郎和織女的故事，另一個是商星和參星的故事。

牛郎和織女是恩愛的夫妻，卻被隔在寬寬的銀河兩岸不得團聚，盼望著一年一次逢七夕的時候，渡過喜鵲架成的鵲橋去相會。

商星和參星的故事講的是高辛氏有兩個兒子，大兒子叫閼伯，小兒子叫實沈，都住在曠林，不能相容，每天用武器互相攻打。

帝堯看到他們兩個人不和睦，於是就把閼伯遷移到商丘，居住在東方。把實沈遷移到大夏，居住在西方。

從那以後，閼伯、實沈兄弟二人互不相見了，這就是當初兄弟不和睦的後果。

由參星和商星的故事，孫武又聯想到齊國內的世族爭權奪勢，頓時省悟出天人感應的哲理。

孫武思索著，聯想著，忘記了時間，忘記了周圍的一切。漸漸地曙色曦微，啟明星出現在了東方，天要亮了。他抖落身上的繁露，沐浴著朝霞晨光，大步走下樂安城樓。

此時，孫武驚異地發現，南天正中女星依然燦爛，與東方的啟明星遙相呼應。天象如此奇異，應該預示著什麼。

孫武忽然想起，與女星對應的應該是地上的吳國。現在吳國正在經歷著大的變革，孫武心中默默念道，看來一個強盛的吳國正崛起在南方。

刻苦鑽研《太公六韜》

《太公六韜》簡稱《六韜》，相傳是周文王的老師姜子牙所作。簡書以姜子牙答周文王、周武王父子問的形式寫成，全面反映了姜太公的軍事韜略思想。

簡書分為文韜、武韜、龍韜、虎韜、豹韜、犬韜六個部分，故稱《六韜》。

太公《六韜》從戰略、戰術等方面對軍事理論進行了系統、全面的闡述，是成書較早、較完整的一部古代兵書。

理所當然，《六韜》也就成了孫武愛不釋手，並且重點研讀的軍事著作。

孫武自小就喜歡《六韜》。他還記得自己第一次走進祖父偌大的書房時的情景，當時，孫武被屋內堆積如山的簡書驚呆了。

孫武看看這些，又摸摸那些，翻來覆去擺弄著這些竹簡，翻看著裡面的內容。

祖父孫書見孫武如此喜歡簡書，為了培養孩子看書學習的良好習慣，同時也是希望孫武將來能夠繼承家學，把尚武家風發揚光大，就送給孫武了一套簡書，那正是姜太公的《六韜》。從此孫武便與這套簡書日夜相伴，形影不離。

由於《六韜》的內容過於龐大繁雜，剛開始看時，孫武只揀裡面關於戰爭的篇目翻看，理解得也很膚淺，並沒有覺得這部書有多麼了不起。

然而隨著年齡的增長，閱歷的增加，理解力的增強，孫武不再這樣認為，他感覺《六韜》裡面講的東西非常深刻，看來非常樸素的理論，其實蘊涵著非常深刻的道理，因此孫武的理解也越來越深。

特別是這次孫武周遊列國回家後，再次捧起這套伴隨他20多年的兵書，感覺與以前閱讀的時候，有了很多差別，他從頭到尾進行了細細研讀，感想頗多，收穫頗大。

《六韜》雖然是兵書，但並非單純論兵、講武，而是「尚文韜」、「重文伐」，強調文武兼備，先文後武。

《六韜》非常重視韜略，講究不戰而勝的智謀。不經過戰鬥而取得勝利，全軍沒有傷亡而取得勝利，如此神奇的用兵之道深深紮根在孫武的腦海裡。這也成為孫武以後談兵論戰的出發點和落腳點，成為其軍事思想的主線。

《六韜》中關於賞罰分明，令行禁止的論述引起了孫武的共鳴。孫武從小就喜歡聽叔叔田穰苴斬莊賈立軍威、以法治軍的故事，所以對以法治軍十分贊同。

孫武認識到，將軍元帥治理軍隊，最根本的一點在於樹立威信，嚴明軍紀，做到上下一致，令行禁止，這樣才能管理好軍隊，打造鐵軍。只有這樣的軍隊，才能做到攻必克，戰必勝。

另外，《六韜》中關於五行相生相剋，陰陽相互轉化的理論，使孫武學到了更多的樸素的辯證法思想，並成功運用到自己的兵書寫作當中，使他的兵學理論更加完善和成熟。

濟水垂釣練心性

濟水是有名的四瀆之一，與長江、黃河、淮河同為4條獨立流入大海的大河。

古時候天子祭祀名山大川，即指祭祀五嶽與四瀆。濟水發源於王屋山，北流東折，在樂安境內最終流入大海之中。

濟水在樂安境內的一段是最下游，在樂安平坦的地面上，濟水的河岸寬闊，水勢平緩，齊國的魚、鹽均由這裡的水路出境，運往其他諸侯國。

每當春季和秋季，濟水上的舟船不斷，往來如梭。孫武有時也在濟水上划船，但他最喜歡的還是在水邊釣魚。

孫武愛上釣魚，是因為他發現釣魚可以散心，可以消憂解煩，有利於靜心、忍耐、不急不躁等性格的形成。

在濟水河邊，經常會出現孫武手拿釣竿的身影。有時他雅興一來，即便是陰雨天，也照常來到水邊。

在細雨濛濛中，孫武頭戴葦笠，身披蓑衣，手持漁竿，一任風吹雨打，依然靜氣凝神。透過水絲雨簾，望著浩茫的河面，孫武聯想起了齊國開國之君姜太公渭水垂釣的情景。

姜太公是孫武最崇拜的人物。孫武多麼希望自己有朝一日也能被明君發現、重用，做一個像姜太公那樣治國安邦的人啊！

忽然，孫武覺得釣竿猛地往下一沈。他知道有魚上鉤了，但他並不急於拽動釣線。所謂的「以利動之，以卒待之」，他要等魚兒緊緊咬住魚餌魚鉤。

過了一會兒，孫武感覺釣絲繼續向水中下沈，便迅速甩起魚竿，一尾一尺長短的金翅鯉魚活蹦亂跳地釣了上來。

濟水垂釣練心性

孫武輕輕摘下魚鉤，仔細端詳那條紅翅紅尾的金鯉。只見它兩腮歙動，雙目微合，尾鰭亂擺，一副令人可憐的樣子。

孫武不忍心傷害它，於是雙手捧起鯉魚，把它放回水中。那條金鯉在濟水中濺起一朵銀色的浪花，遊得無蹤無影了。

孫武又擎起魚竿，放下釣絲，沈靜地望著濟水。但見波湧浪逐，浩浩蕩蕩，奔流到海，勢不可當。

由眼前的濟水，孫武聯想起實地考察時見到的眾多的河流湖沼。他意識到，水是無處不在的，是萬物之本原。生命離開水就不能存活，就像剛才那條金鯉，放回水中又得以生還。

孫武仔細地觀察著水勢，從這波浪翻滾的水流中，他發現了許多過去不曾察覺的哲理，水的變化無窮無盡，會根據外界情況的變化而不斷變化，善於躲避高地，向低處流淌，製造出來的激流之「勢」，可以推動巨大的山石。

孫武濟水垂釣，獲益匪淺。他從中陶冶了性情，啟迪了思維，增長了智慧。後來，孫武在撰著兵法十三篇時，將觀察到的「水形」、「水勢」的原理和規律，應用於對兵事法則的闡發和論述，並體現在《形》篇、《勢》篇和《虛實》篇中。

尤其在《虛實》篇中，孫武的論述更為詳盡，他這樣說：軍事如同流水，要根據外界的實際情況變化而變化，要避實擊虛，隨著敵手的變化而採取相應的策略，要善於製造出激流之勢，從而才能有效地擊敗對手。

初步編定《孫子兵法》

孫武編著兵法的思想，由來已久，他受家庭的薰陶，自小就開始學習各種兵書戰策。

成年以後，孫武又潛心研究了《司馬穰苴兵法》、《軍政》、《軍志》、《管子》、《六韜》等兵書，總感覺這些兵書要麼是對戰爭謀略的論述過於簡單，不易理解，要麼就是論述內容過於繁雜，不易掌握。

孫武從廣泛接觸社會、接觸兵爭的實踐中，強烈地感受到列國紛爭，圖強爭霸，靠的是軍事行動；而成功的軍事行動，則離不開高明的兵法作指導。

孫武遊歷齊、魯、晉各國，實地考察古代戰場，掌握了大量戰場上的資料。

經過對交戰雙方戰略、戰術、排兵佈陣、用人等方面進行認真分析，結合學習的兵法，綜合研究，對戰爭謀略和戰術安排有了很多新的心得體會和感受，從而就越發想把這些寫出來。

在與祖父孫書經過徹夜長談之後，孫武開始了艱苦的兵書撰寫過程。

孫武把長期以來蒐集到的各種資料，包括平時的讀書筆記、考察日記、心得體會、經驗總結等，一一進行歸類、整理、排序、編輯，去粗取精，去偽存真。

可以想像，在簡書牘海之中，孫武就像一個獵人，肩扛戈矛，跋涉於崇山峻嶺之間；又像一位漁翁，駕一葉輕舟，劈波斬浪，顛簸於江湖之上。

孫武夜以繼日地翻閱資料，廢寢忘食地伏案書寫，不厭其煩地求助於祖輩、父輩。

累了孫武就停下來，四處走走，練一套自創的孫子梅花拳。

有時孫武也和祖父孫書棋盤對弈，或談兵論書；有時躍馬揚鞭，馳騁於樂安大地，尋找靈感。

春去秋來，寒往暑至，一部鴻篇巨制終於在孫武的手中誕生了，雖然這還不是最後的定稿，但是已經基本確立了後來《孫子兵法》的框架和主要思想，後來的修改都是在此基礎上的進一步修改。

《孫子兵法》內容博大精深，富含深刻的哲理，是孫武 20 多年勤於鑽研，善於總結，實地考察，加上虛心求教的結果，這其中凝聚著孫武超人的智慧和艱辛的汗水。

《孫子兵法》所蘊涵的軍事謀略思想和偉大的哲理，在戰爭史、哲學史及文化史上永遠放射著璀璨的光芒。

逃避危難投奔吳國

在即將走進 40 歲的時候，孫武的人生發生了一次根本性的轉折，就在這一年，他逃出了齊國，去了吳國，開始了自己新的人生軌跡。

作為貴族子弟，天天生活在錦衣玉食中的孫武，為什麼會離開齊國，逃到南方的小國呢？這要從齊國的內部爭鬥說起。

春秋中後期，齊、晉、宋、秦、楚等大國爭做霸主的同時，各國政權內部也發生著急劇變化，以下犯上、弒君篡位的事件層出不窮，私門與公室明爭暗鬥，卿大夫之間的勢力也相互消長。

鬥爭的結果，就是一些卿大夫代替了公室而掌握了政權。孫武 5 歲時，齊莊公被他最寵信的大臣崔杼殺死。

崔杼另立靈公兒子杵臼做君主，就是齊景公。齊景公任崔杼為左相，慶封為右相。

後來因為慶封與崔杼有糾紛，乘內亂的時機，把崔杼全家滿門抄斬，逼得崔杼自殺身亡。從此，慶封專權，日益驕橫，引起田、鮑、高、欒四族的不滿。

田、鮑、高、欒四大家又聯合起來，暗中商議共同對付慶家，他們一方面挑撥大夫與慶氏的關係，一方面伺機向慶氏發動進攻。當時孫武祖父的祖父田文子已看出齊國必有內亂，就囑咐自己的兒子田桓子注意當時的形勢發展，做事要小心謹慎。

西元前 545 年，齊國大夫王何、盧蒲癸等人乘慶封去萊地即今山東昌邑縣東南打獵時，向慶封的兒子慶舍發起了進攻。

最終的結果是田、鮑、高、欒四族解除了慶氏的武裝，並在太廟裡將慶舍殺死。

逃避危難投奔吳國

　　慶封在歸途中聽到變故，急忙帶兵攻打臨淄城。攻西門沒有攻下，從北門攻入城中。

　　當慶封進攻內宮的時候，遭到田、鮑氏的頑強抵抗。慶封見大勢已去，只好帶兵奔魯，不久，齊國派人申斥魯國收留慶封，他只好逃到吳國去了。田、鮑、高、欒四族取得勝利。

　　慶氏被滅之後，田氏勢力得到了較快發展，他們採取施恩受惠的手段，與公室展開爭奪民眾的鬥爭。特別是田桓子及其後代子孫採用厚施薄斂的方法，暗中對人民施恩惠，收買民心。田氏的力量很快壯大起來。

　　西元前 532 年夏天，田、鮑、高、欒四族內部又起了戰爭。結果田、鮑氏聯合打敗了高、欒氏。欒施、高強見大勢已去，逃到魯國去了。

　　田、鮑氏瓜分了欒、高氏的田產。後來，他們聽從晏嬰的建議，把其中一部分家產獻給了景公。齊景公也不敢全部收下，賜給田桓子食采地莒邑旁邊的土地作為采邑。

　　田桓子為表示自己沒有貪心，堅決推辭掉了。齊景公的母親穆孟姬請求把高唐的土地賜給了田桓子，從此田氏的勢力日益強大。同時，遭受高氏、欒氏排擠打擊的貴族只好從原來的一些舊貴族那裡分得利益，從而有效分化了守舊勢力。

　　齊國就是這樣，自孫武出生後，族亂不斷，卿大夫之間接二連三地鬧著亂子。公室腐敗，卿大夫弄權，階級矛盾激化，這些在孫武的腦海中都留下了深深的陰影。

　　因此，孫武從小就對齊國的這種內部鬥爭比較反感，只是自己的家庭都在齊國，一時也不能到那裡去。雖然他的潛意識裡有去國外闖蕩的想法，要是沒有出現直接的促成因素，恐怕孫武還會一直在齊國待下去。

　　然後不幸最終還是發生了，也許這對於孫武來說，正是另一種幸運，

因為這件事情直接導致孫武不得不到其他國家發展了。

在齊景公的時候，齊國一度出現過比較安定的政治局面。齊景公，名杵臼，是齊國第二十五代國君。齊景公在位 58 年，是齊國在位時間最長的一位國君。

齊景公在位之初，曾經有過雄心壯志，希望有朝一日也像先祖桓公一樣成為天下霸主，恢復齊國的霸主地位。

在賢相晏嬰的輔佐下，齊景公採取了省刑罰，薄賦斂，鼓勵、保護工商業和農業生產，以及開倉賑貧、賑災等一系列恤民、愛民政策，受到了民眾的歡迎，一時朝野上下頗有些重振桓公偉業的新氣象。

但是，齊景公又是一個不能善始善終的人，特別是在田穰苴擊退晉、燕的軍隊、收復失地以及孫書伐莒勝利之後，齊景公便日益驕傲起來。

這時的齊景公開始奉行享樂主義，天天鶯歌燕舞，吃喝玩樂，認為自己已經非常了不起，早把恢復齊國霸業的念頭拋到九霄雲外，這是有歷史史實作為根據的。

據《晏子春秋》記載，一天，齊景公在宮中飲酒取樂，一直喝到晚上，還感覺意猶未盡，便帶著隨從來到相國晏嬰的宅第，要與晏嬰夜飲一番。

當時晏子正在家裡批閱文章，聽說國君親自降臨，趕忙迎接出門，把齊景公迎接到了家裡。

到了家中落座後，晏嬰問齊景公：「國君為何深更半夜來到臣的家中？」

齊景公說：「美酒音樂，太美妙了，讓人不能放手，寡人想和相國一起享受一番。」

按說國君親自跑來找臣子喝酒，這是臣子莫大的榮耀，是求之不得的事。

不料，晏嬰卻不領情，反而板起面孔，對景公說：「陪國君飲酒享樂，國君身邊有這樣的人，這樣的事不是臣的職分，所以臣不敢從命。」

在晏子這兒吃了閉門羹，齊景公又想起了田穰苴，於是又來到田穰苴的家中。

田穰苴聽說齊景公深夜到訪，還以為出了什麼緊急情況，忙穿上戎裝，持戟迎接出門，來不及聽齊景公說話，就著急地問：「有諸侯國發兵了嗎？有大臣叛亂了嗎？」

齊景公笑嘻嘻地說：「沒有。」

田穰苴聽到這裡，立即明白是怎麼回事了，不過他又不好說出，就佯裝不解地大聲問：「那麼大王深夜屈駕到臣子家中，為什麼呀？」

齊景公回答說：「沒有什麼別的原因，只是念將軍軍務勞苦，想與將軍共享這酒肉的美味，聆聽這美妙的音樂罷了！」

聽到這裡，田穰苴根本就沒有想太多，他接下來的回答與晏子的回答如出一轍，他說：「陪國君飲酒享樂，國君身邊自有這樣的人，這樣的事情不是臣的職分，臣不敢從命。」

齊景公萬萬想不到在臣子的家門前竟吃了兩次閉門羹，不由意興索然。最後還是到了梁丘大夫家，把酒歡呼，喝了個通宵達旦。

田穰苴讓齊景公吃了閉門羹，一些善於揣摩齊景公心思的人抓住了時機，向齊景公進讒言。

鮑氏、欒氏、高氏三家從自身的利益出發，開始聯合起來，排擠、打擊田氏，要驅逐田穰苴，削弱田氏勢力。

齊景公似乎也預感到田氏勢力太盛，便採納了鮑氏、高氏、欒氏的意見，將田穰苴削職為民，命令孫書離開齊都臨淄，回到樂安自己的采邑去頤養天年。同時田氏家族中無論官職大小，全部進行了調整。

田穰苴無辜被免職，未免有些想不開。畢竟他成為齊國的大司馬，並不是憑藉田氏家族的勢力，靠的是自己的才能和軍功。

如今，自己卻成了四大家族爭權奪利的犧牲品，這讓他怎麼也想不通。可憐一代卓越的軍事家，竟因此抑鬱成疾，一病不起，最終撒手人寰，與世長辭。

田穰苴的猝死，在齊國朝野上下，特別是在田氏家族中引起了極大震動。

因受鮑、欒、高三族排擠而解甲歸田、賦閒在家的孫書聽到這一噩耗，陷於極度悲憤之中。

孫武得知噩耗是第二天，匆匆策馬來到田府，叔父一句話也未能當面留給孫武，孫武大放悲聲，幾度暈倒。

田穰苴家人扶起孫武，交給他田穰苴的遺物，孫武模糊的淚光中看到一個黝黑的木匣，裡面是田穰苴尚未編完的一部兵法。

「孫將軍，田大人昨晚回來時已知自己時日不多，託付我將這個盒子留給你，讓你仔細研讀，爭取幫大人修訂完善。」

「叔父還有什麼話留給我？」家人幾近哽咽，「當時大人已近昏迷，只是說讓孫將軍避亂他國。」

這件事對孫武的打擊很大。按照周禮，男子三十而立，四十而仕。自己眼看就到了入仕的年齡，憑著自己家族的地位，憑著祖父和父親在朝中的威望，出仕為官根本就不成問題。

況且孫武從小就有大志，想幹一番轟轟烈烈的大事業。為此，20多年來，他苦心鑽研兵法，虛心向長輩請教，遊歷崇山巨川進行考察，足跡遍佈了泰山南北，大河兩岸。

如今自己費盡心思，耗盡心血撰著的兵法十三篇業已完成，正準備步

入仕途，施展鴻鵠之誌時，卻遭遇晴天霹靂般的打擊。

這天晚上，孫武找到父親孫憑，一起來到祖父孫書的房裡，三人進行了徹夜長談。

孫武先說了很多對時局的看法，孫憑也談了很多近期朝政混亂的情況。

孫書靜靜地聽著。很明顯，對田氏家族來講沒有一點樂觀的跡象。雖然自己一系因景公賜姓而改孫氏，但誰都知道孫氏與田氏實為一家。

眼下田氏遭到重創，下一步就是不遭滅門之災，元氣恐怕也難以在短期內恢復。

巨大的陰影籠罩在孫書頭上，他不由得想起了先祖陳完自陳國來齊的情形。同時，孫武還將田穰苴臨死前交代自己的話向祖父和父親說了。

聽完孫武對時局的分析，又聽著他發洩滿腹的牢騷。孫書問孫武：「你下一步有什麼打算呢？」

孫武考慮一會說：「看來在齊國很難實現我的理想和抱負，我很想到外地去闖一闖，就像當年先祖陳完逸齊一樣。只是，周禮中有『父母在不遠遊』的訓導，故孫兒遲遲未敢問祖父和父親大人稟明。」

孫書沈思良久，孫武的想法其實和他不謀而合。不論是從孫武的個人前途考慮，還是從孫氏家族的長遠考慮，他都希望孫武出去另闖一條新路，把孫氏基業傳承下去。退一步講，萬一哪一天田氏遭滅門之災，也好為孫家留下一條根。只不過他實在不忍心與孫武分離，所以一直猶豫不決。

不過思前想後，也實在沒有什麼別的好辦法，他只好長嘆一聲說：「你叔父是對的，他早料到這一步了，四族之亂淵源很深，結怨已久。儘管我們改變姓氏，但欒、高兩族仍耿耿於懷，且妒賢嫉能，如今娶了鮑氏，孫

鮑聯姻,更是令欒、高兩族嫉恨。不定今後又有何羈絆,你的才華不能浪費在這些蠅營狗苟之事上,與其作籠中爭鬥的燕雀不如作展翅的鯤鵬。」

在孫武離開齊國的問題上,三人很快統一了意見。然後三人一起分析著列國形勢,為孫武挑選一個好的去處。

三人經過分析、比較,最後把目光同時盯住了遠在南方的吳國。這個時候的吳國正處於上升發展時期,疆域擴大到千里,成為春秋末期可以與齊、晉、楚、秦、魯等國抗衡的一支新興力量,並開始顯露出一幅霸主景象。

孫武明白,吳國就是實現自己理想的地方,吳國就是自己大展宏圖的地方。

幾天後,孫武坐上了遠去吳國的商船,沿濟水逆流而上。與孫武同去的是他的妻子鮑氏,攜帶次子孫明。另外還有兩個家丁和一個僕人。

與其他商人不同的是,孫武的貨櫃裡除了金銀細軟及部分生活用品外,全部由簡書塞滿。這些簡書就是孫武耗盡心血撰著的兵法十三篇,以及自小陪伴他左右的各類兵書。

商船行至濟南,孫武棄舟登岸,改走旱路。在搬移行李的過程中,不慎將一枚私人印章丟失。

因印章無關緊要,孫武沒有進行仔細搜尋便又隨商隊登車,一路向南行去。

一個月後,孫武一行歷經旅途顛簸勞頓,終於到達了南方新興的吳國。孫武的一生,由此翻開了新的篇章。

在吳國穹窿隱居

吳國位於長江三角洲廣袤的沖積平原。山並不多，卻相對集中於吳地西部的太湖東岸。

這裡河道縱橫，湖泊密佈，都能向西與太湖相通，向東匯入江海，農田非常平坦，一般都種植稻米，發展蠶桑，人民殷富，是個正在崛起的諸侯國。

約在西元前 515 年，孫武攜帶妻子鮑氏、小兒子孫明和僕人們，經過長途跋涉，終於來到新興的吳國。

孫武等一行人來到吳國都城後，先找了家僻靜的館舍暫時住了下來。安頓好家人後，孫武就迫不及待地走進街市，想親身感受一下吳國的國風、民風。

吳都城經過幾代君王的經營，已粗具規模。宮廷苑囿，前朝後市，府宅民居，鱗次櫛比，店肆興旺，貨物充足，街市整潔，民風淳樸。

這裡既有北方的淳樸，又有南方的清秀，讓孫武和自己的家人倍感親切和舒適。唯一的不足，就是語音不通，吳語難懂。

接下來的幾天，孫武帶著僕人，每天進出館舍，特別忙碌。為便於語言的溝通，孫武找來了一個熱心的當地人，作為自己的「翻譯」。

在這個翻譯的幫助下，孫武逐漸熟悉了吳地的風土人情、地形地貌、歷史文化及政治動態。

孫武很清楚，要想在吳國轟轟烈烈地幹一番事業，必須全面了解和熟悉吳國的國情、民情、軍情等各方面的情況。

年輕人學東西快，口音改得也快。有熱心翻譯的幫助下，孫武很快就聽懂了吳地方言，不長時間，孫武已能夠用吳地方言和當地百姓交談了。

語言通了就一通百通，感情交流也更方便了。一個月後，孫武已經基本適應了吳地的生活環境，和吳地的黎民百姓一樣裝束、一樣口音、一樣習慣，很快融入了吳國的社會生活，乍看之下，已與當地人沒有什麼區別了。

　　在吳國都城住了一段時間，孫武感覺在這裡住得還適應，因此就有了長久居住的打算。要長久居住，就得選擇一個安家的地方了，孫武想在郊外找一處地方安頓下來。

　　孫武又找到本地翻譯，讓他幫忙找地方，在那個翻譯的指引下，孫武來到了位於吳都西南的穹窿山。

　　孫武發現穹窿山的東嶺有一條深塢，地勢平緩寬闊，塢中古樹翠竹，蔭天蔽日，山泉淙淙，終年不絕。並且山塢背峰向陽，氣候冬暖夏涼，非常適宜居住和種植稻麥瓜果菜蔬。

　　這裡除了鳥雀和鳴之外，清靜得沒有一點兒人間喧嘩，是個讀書隱居的好地方。

　　選擇在此隱居，一邊躬耕自作，研究兵學，一邊觀察吳國的政治動向，真是再合適不過了。

　　幾天後，孫武就帶領妻兒家人，來到穹窿山中的這條山塢，在附近鄉民的支持和幫助下蓋起了幾間茅舍，四周圍以笆籬，同時置備了一些農耕工具和生活用品,棲居下來。後來，當地人將這個山塢取名為茅蓬塢。

結識楚人伍子胥

孫武和家人住在穹窿山，過著自耕自作的隱居生活。山塢中平疇田陌可供耕作，宜於農桑，適於飼養禽畜，種植菜蔬。

雖說這裡濃蔭蔽日，溪泉潺潺，卻並不太潮濕，高地茅舍，僻靜幽深，交通都非常便利。孫武除了幫助家人從事耕作，幹點農活，幾乎把全部的精力都投入到兵法研究上。

孫武離開齊國時，把自己喜愛的古兵書和自己撰著的兵法十三篇，全部帶到了吳國。輾轉了好幾個月，現在終於可以靜下心來，認真閱讀和研究了。他不停地翻閱著這些古兵書，對自己撰著的兵法十三篇一遍又一遍地進行著修改。

有時候，孫武獨自一人走出茅蓬塢，深入吳都的街巷、集市、茶樓、酒肆，廣泛接觸各階層的人士，與他們交朋友，傾聽他們講述吳國的政治、經濟和軍事的歷史及現狀，了解各諸侯國，特別是周邊楚國、越國等幾個諸侯國的近況，探尋幫助吳國實現富國強兵的發展策略。

孫武還花費大量時間，對穹窿山及其周圍的太湖、其他群山等環境進行了實地勘察，掌握了詳實的地理資料。

孫武把掌握、了解來的吳國的一些具體情況，比如吳國和楚國的關係等，充實進兵法十三篇中去，使兵法十三篇更符合吳國國情，更適合吳王及吳國官員的趣向。孫武堅信，吳國就是他建功立業的地方，就是他實現全部理想的地方。

就這樣，在茅蓬塢隱居的日子裡，孫武一邊外出考察吳國的地形和風土人情，留意著吳國宮廷的動靜，一邊結合著對吳國政治、經濟、軍事的分析，對自己的兵法十三篇進行著修改和完善。

當時孫武把全部的希望都寄託在吳王的身上，盼望有一天能夠得到吳王的重用，好施展自己平生所學，幫助吳王創立千秋偉業，實現自己的宏大理想。孫武在靜靜地等待時機。

一個十分偶然的機會，孫武結識了伍子胥。伍子胥也就是伍員，他的字是子胥，當時的大國楚國人，因為父親伍奢得罪楚平王，結果被滿門抄斬。

伍子胥的父親伍奢與哥哥伍尚被楚平王殺死，伍子胥僥倖逃了出來。他先是去了宋國，後來又逃到鄭國。西元前 522 年，伍子胥幾經輾轉跋涉，度過千難萬險，終於來到吳國。

伍子胥來到吳國沒有多長時間，就被吳王僚的哥哥公子光發現，並將他收為門下。就在伍子胥退耕於野，暗中為公子光尋找勇士奪取王位的日子裡，結識了孫武。

這一天伍子胥實在難受，在家中如坐針氈，胸口如有磐石重壓。索性帶了幾名家丁騎馬攜弓去郊外狩獵。伍子胥興致不高，一個多時辰只射殺了一隻野兔和兩隻野鴨。

抬頭看，暮色蒼茫，潮濕的霧氣開始瀰漫。這時家丁突然興奮地大叫起來，順著家丁手指的方嚮往去，一隻潔白的仙鶴在低垂的夜色中緩緩飛來。

伍子胥迅即張弓搭箭，利箭刺破夜霧擦著仙鶴的翅膀掠過。再一支，射偏，再一支，再偏，鶴仍在緩緩向南飛。

最後一支，仍然射偏。

鶴仍在緩緩地飛，低低的，似乎一伸手就能抓到。伍子胥懊惱，將弓拋向遠處，扯下箭囊摔在地上，催馬向鶴飛去的方向飛馳而去。

鶴繼續南飛，南面就是羅浮山。伍子胥不顧家丁在身後大喊勸阻夜入

深山，他現在把一腔憤懣全撒在這只怪異的鶴身上。他現在沒心思考慮前面是兇還是吉。

馬踏上蜿蜒山路，鶴並未隱入山林，而是在前面時隱時現，夜色映襯下白得很醒目。前面是羊腸小路，崎嶇的石板路上凝出薄薄的夜露，蹄聲不再清脆，馬蹄開始打滑。

伍子胥甩蹬下馬，疾步攀爬。鶴隱入山林不見了，伍子胥佇立四顧，這才聽到夜風裡山林颯颯作響，如墨的波濤起伏，樹影搖擺，如千軍萬馬藏於其中。

一陣寒意襲來。伍子胥暗暗懊惱，仔細辨別方向想沿原路返回。夜色沈寂，家丁的呼喊聲和馬的嘶鳴聲似乎都被松濤聲淹沒。

茫然四顧，如墨的夜色中突然遠遠的一點燈光閃出。深山裡還有住戶？伍子胥心頭一暖，如迷茫的荒野中見到北斗，摸索著向燈光處走去。

一座茅草屋隱在樹叢中，房前隱隱約約的還有一片開闊地。伍子胥走近茅草屋，透過窗戶望去。跳動的燭花下，一個中年人坐在案几旁時而蹙眉沈思時而伏案疾書，膝下堆著滿是墨跡的竹木簡，身後的簡易竹床旁堆滿了新剖的竹簡。牆壁上懸掛著一把寶劍，在山風激盪下錚錚作響。

伍子胥暗暗思忖，這是哪位高人隱居於此啊？他推門而入，那位中年人似乎沒有反應。伍子胥上前一步說，「先生，我冒昧來訪，還請諒解。」

那人猛一抬頭，從書中頓醒，連忙起身，但並未對不速之客深夜來訪面露驚異，反而平靜地彎腰搬來一把竹椅，「伍大人請坐。」

伍子胥一驚，問為何認識自己。那人微笑不語。

「先生，還沒請教尊姓大名？」

「齊人孫武。」那個人回答。

原來這正是孫武，這裡就是他隱居的地方。伍子胥微微一怔，這個名字如同他被裹挾在濃濃夜色中看到的那一點燈光。

「孫武，齊人孫武，難道……」伍子胥這個時候忽然想到了齊國人孫書，伍子胥對孫書這個名字當然非常熟悉，對田穰苴更是熟悉，他對於當時齊國的形勢非常了解。

伍子胥抑制住心中洶湧的波瀾，目光落在案几上的竹簡上。伍子胥忽然想起前一段時間，聽誰說到過孫武這個名字，說此人編修兵法且攜兵法周遊考證，難道這個人就是那個齊國的孫武？他與齊國的田家有關係嗎？

伍子胥拿起竹簡粗粗翻看。伍子胥身經百戰，自然洞悉兵法精妙。不禁手不釋卷，沈心細讀。時間一點一滴流逝。良久，伍子胥抬頭，發現孫武靜靜地看著自己。

絕世高手的交流不是高談闊論，雙方的心領神會也許只需一個細微之極的眼神。伍子胥把竹簡放在案几上。靜謐的茅屋內傳出竹簡碰擊案几的聲音。

孫武對伍子胥的意圖洞若觀火，他雖隱居山中已有一年有餘，但除潛心精修兵法外，對吳國局勢也密切關注。他深知擇良木而棲良將選明主而事，思謀長駐吳國之心。

正在此時外面一陣嘈雜。原來家丁們也循著燈光急急趕來，見到伍子胥穩坐屋中才長長出了一口氣。

家丁的到來也化解了伍子胥的尷尬，「孫先生，那我們就討擾了。」此刻已近深夜大家都飢腸轆轆，家丁們一陣忙亂，將獵獲的野兔和野鴨收拾停當，藉著屋外的爐竈烹炙。

孫武也在茅屋前自種菜園中採摘新鮮菜蔬，汲取幾罐清泉，又從床下搬出幾壇清酒。茅屋後的竹林中有青石桌椅，正好可以點起松明圍坐長談。

伍子胥和孫武心照不宣不再論及出山之事，加之兩人惺惺相惜，促膝而坐暢飲至晨曦初露，二人才依依惜別。

孫武和伍子胥都是來自異國他鄉，兩人雖然素昧平生，但共同的理想和抱負，使他們倆很快成了知心朋友。兩人經常聚在一起，或談論天下大事，或切磋武藝，或飲酒對弈。

伍子胥經常拜訪孫武，共同探討一些軍事問題，如此一來二往，時間一長，兩人竟成了莫逆之交。

從相互坦誠的交談中，伍子胥發現孫武是一位兵學造詣很深的人，也是一位可以幫助他報仇雪恨和成就吳國霸業的將才。

孫武也覺得伍子胥是一位具有雄才大略的人，也是一位可以信賴和合作共事的兄長。兩顆年輕而熾熱的心慢慢靠攏，最終走到了一起。

伍子胥對孫武的才幹和學說十分欣賞，他認定孫武是個人才，遲早有一天會脫穎而出，幹出一番轟轟烈烈的大事來的。正所謂：大鵬一日衝天起，扶搖直上九萬里。

兩個人交往久了，成了無話不談的兄弟，伍子胥也從孫武口中知道了孫武正在寫兵法的事情，他很想拜讀一下。

一次，伍子胥到孫武那裡飲酒聊天，伍子胥就說：「孫兄弟讀了這麼多的軍事典籍，又走遍了各國，應該將自己的知識寫下來，說不定將來還能流芳後世。」

「先人已經有那麼多軍事典籍，這件事不是想像的那麼容易啊！不過小弟也確實早有了這個想法，而且在來這裡前，就開始進行編寫了。」孫武說。

「孫兄弟那是已經寫成了啊！兄弟應該早說，快快拿出來，讓哥哥拜讀一下大作。」伍子胥迫不及待地說。

「小弟也正想讓哥哥提一些建議，要不是害怕哥哥笑話小弟，早就讓您看了，我這就去取，哥哥在這等一會兒，我去去就來。」孫武一邊說，一邊去取自己的兵法十三篇。

時間不大，孫武就回來，手裡拿著一捆竹簡，遞給了伍子胥。這伍子胥也是一員戰將，讀了孫武兵法，深為其嚴密的論證、深刻的思維、精妙的高見所折服，但覺字字珠璣，處處都閃耀智慧的火花，將那戰爭中大到戰略、小到戰術都揭示得清清楚楚，傳播出去，必將成為用兵者常習之義。

伍子胥看完之後，讚不絕口，連聲說：「寫得太妙了，別人都說孫兄弟是隱逸大賢，果然名不虛傳啊！大作字字千鈞，鐵打金鑄，都是不可更易的永恆真理，你將來一定會有鵬程萬里的那一天，就憑著這一本書，你就可以名垂青史了。」

孫武苦笑說：「如果有人賞識那就好了，不然的話，也不過是老死山中罷了。」

伍子胥說：「卞和當年得到璞玉，兩次獻給君王都因為別人不認識，遭到刑罰。不過，只要是真玉，最終一定會被人賞識的，這不過是遲早的事情罷了，孫兄弟不要太多擔心。」

看看太陽就要快下山了，伍子胥才戀戀不捨地告別孫武，臨走的時候，他告訴孫武，暫時隱居在這裡，家裡所缺的東西自己會派人送來。

伍子胥還一再叮囑，如果想到別的國家去，一定要事先通知自己，孫武答應了。

由於伍子胥是楚國人，他在言談之中難免會談及當時發生在楚國的一些事情，有心的孫武將這些都一一記在了心中。

孫武知道，將來吳國一定會與臨近的楚國進行爭霸戰爭，如果到時候

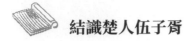

結識楚人伍子胥

用伍子胥作為大將,那麼自己將能做到兵法中說的知己知彼,從而能在戰場上掌握主動權。

伍子胥更是隨著交往的加深,對孫武產生了由衷的欽佩,他暗下決心,找適當的機會把孫武推薦給公子光,好為自己以後討伐楚國增添一份力量。

伍員多次推薦孫武

吳王僚十二年，吳國發生了一場宮廷政變。公子光在伍子胥的幫助下，經過精心策劃，刺死了吳王僚。公子光登臨王位，稱吳王闔閭。

公子光奪取王位的想法由來已久，事情的起因要從吳王壽夢說起。壽夢有 4 個兒子，長子諸樊，二子餘祭，三子餘昧，四子季札。

因為四兒子季札非常賢能，壽夢臨終前想傳位給季札，但是季札因為嫡長制不願接受，於是壽夢遺命實行兄終弟及制，這樣就可以依次傳位給季札了。

後來，吳王諸樊、餘祭、餘昧相繼去世，按理，應當季札接位，但季札禮讓逃走。於是，餘昧的兒子僚繼位了，這引起了諸樊、餘祭兒子們的不滿。

特別是諸樊的兒子公子光，他認為：既然叔叔季札禮讓，兄終弟及制結束了，那就應該還實行嫡長制。自己是壽夢長子諸樊的長子，理應繼承王位。

但是僚一向貪婪依仗強力，不肯謙讓，所以公子光準備尋覓能共患難的勇士，刺殺吳王僚，自己登上王位。但他知道時機尚未成熟，於是表面裝著無事，韜光養晦。

吳王僚五年，伍子胥投奔吳國，在吳市吹簫，被市場管理官發現，引薦給吳王僚。吳王僚和伍子胥談了 3 天，伍子胥的話沒有重複的，吳王僚十分讚賞伍子胥賢能。

公子光怕伍子胥和吳王僚親近，被吳王僚所用，妨礙自己的計謀，就有意詆毀伍子胥，常對吳王僚說：「伍子胥的父親兄長被楚王殺害，他勸大王攻打楚國，並不是為了吳國，不過是想報自己的私仇罷了。」

伍子胥看出了公子光的企圖，也看出了公子光是個能成大事的人，於是離開了朝廷，隱退到郊野去耕作，投靠了公子光。

公子光以賓客的禮節收養了伍子胥，後來又與伍子胥引薦的勇士專諸合謀，於是公子光、伍子胥、專諸三人結為「同憂之士」，密謀刺殺行動。

吳王僚十二年冬，楚平王去世。吳國想趁楚國辦喪事攻打楚國，公子光認為，這是動手刺殺僚的大好時機，但首先要調空吳王僚身邊之人。

於是，公子光先假裝自己摔傷，再動員吳王僚派蓋餘、燭庸率軍去攻打楚國，又慫恿吳王僚派季札到晉國，觀察諸侯國的反應，最後，請求吳王僚派公子慶忌去約會鄭國和衛國共同攻打楚國。

這時，吳國軍隊求勝心切，貿然深入，楚國發兵斷了吳兵的後路，吳兵不能退回。公子光認為時機已經成熟，千萬不能錯過。公子光對專諸說：我是王位繼承人，因此我要去爭取。假如事情能夠成功，即使季子回來，也不會廢黜我。

接著，專諸就上演了魚腹藏劍刺王僚的一幕活劇，王僚被專諸當場刺死。就這樣，公子光自立為王，這就是歷史上的吳王闔閭。

闔閭是一位奮發圖強勵精圖治的君主，他決心要使落後的吳國趕上中原各國，擺脫長期以來遭受楚國壓迫的屈辱地位。

為此，闔閭不迷戀安逸，不貪圖享受，不追求玩好，立志要振興吳國。因此，吳王迫切希望聚集人才，以成就自己富國強兵的偉業。

闔閭即位之初，既怕國人不服，又擔心諸侯不相信自己。為了保住王位，他一面施恩行惠，籠絡人心，一面禮賢下士，網羅人才。

闔閭首先選中了伍子胥，任命他做了行人。行人本是掌管朝覲聘問的官，伍子胥這個行人卻不同一般。吳王器重他的內政外交方面的才幹，經常同他探討軍國大事。

有一次，吳王問伍子胥說：「我國地處偏遠，蝸居東南，地勢低濕，江海為害，國家沒有堅固的城防守禦，人民沒有充足的衣食儲備。這種貧弱狀況，怎樣才能改變呢？」

伍子胥沈默了片刻，就回答說：「凡是想圖霸稱強的君主，必須修城郭，設守備，練士卒，廣積蓄。」

吳王很贊同伍子胥的意見，並委託他去依次處理。很快，吳國闔閭大城，即今蘇州城就建立了起來。建成以後，吳王還特意把西門稱為「破楚門」，用來表示自己討伐楚國、稱霸中原的決心和勇氣。

同時，在伍子胥的主持下，吳國大興水利建設，發展農桑經濟，加緊振軍經武。

闔閭自己更是身體力行，他禮賢下士，體恤百姓，不貪圖美味，不沈迷酒色，因而得到了吳國上下的一致擁護。吳國呈現出一派欣欣向榮的景象。

闔閭三年，吳國國內穩定，倉廩充足，軍隊精悍，吳王闔閭心中湧動著向西進兵攻伐楚國的打算，但一時又拿不定主意。

在闔閭之前，吳國前幾位君王曾多次發動對楚國的戰爭。吳王僚執政時，闔閭也曾多次帶兵征伐楚國，其中著名的雞父之戰就是他親自指揮的。

但吳楚戰爭的結果，表現在戰役上雙方互有勝負，爭奪城邑上雙方也呈現出拉鋸的狀態。

伍子胥因為急於要報楚平王誅殺父兄的大仇，所以他時常觀察闔閭的思想變化，在闔閭面前，多次毛遂自薦，表示可以擔當伐楚重任。

但是闔閭心中卻自有盤算，他一心想攻伐楚國，不僅僅是為了實踐先王遺訓，更主要還是為了圖強並爭當列國霸主。

伍員多次推薦孫武

闔閭擔心伍子胥積極主張伐楚，是出於個人動機。如果他只顧公報私仇，濫殺無辜，那不是誤了自己的大事。如果這樣的話，他圖霸天下的夙願豈不是要落空了嗎？

一天，闔閭登上高臺，面風而立，陷入沈思，不時發出嘆息聲。周圍許多大臣猜不透闔閭的心思，唯有伍子胥心裡明白，闔閭是為找不出一位合適的將帥替他征伐楚國而煩惱呢！

伍子胥知道自己雖然被委以重任，參與吳國的政治謀劃，但自己畢竟是從楚國逃亡來的外臣。此時此刻，正是薦引自己的好朋友孫武的好機會呀！

於是他趁機向吳王推薦孫武，並向吳王介紹了孫武的家世、人品和才幹，認為孫武是個文可安邦、武能定國的曠世奇才。

可是，吳王闔閭起初並不在意，也沒有表態，因為在此之前他還從來沒聽人說起過孫武這個人。

孫武自從來到吳國後，一直忙於勘察戰史，隱居著書，吳王不僅從未聽說過孫武，甚至認為一個農夫不會有多大的本事。

整整一個上午，伍子胥借論兵之機，前後 7 次向吳王推薦孫武。伍子胥這種堅持不懈的精神，終於造成了一定效果，吳王闔閭知道了這個孫武是齊國人，與楚國沒有什麼關係，而且非常精通兵法，不禁也有些動了心，決定與孫武會面。

於是，闔閭安排伍子胥盡快前往穹窿山茅蓬塢，把孫武請來吳都。

但是伍子胥卻說：「孫武這個人不是一般的百姓，他並不看重名利這些東西，因此要想請他出山，必須得真心誠意，才可能請得動他。所以大王務必以重禮相請，這樣既能顯示出大王您的誠心，也能表現出你的身分。」

吳王闔閭答應了，命人取出黃金千兩，白璧兩雙，讓伍子胥駕車前往，接孫武前來見面。

　　一直在觀察吳國動向，一心想施展自己才能和抱負的孫武，在經伍子胥七次舉薦後，終於得以與吳王闔閭會面，開始走上列國爭雄的大舞臺。

向吳王進獻兵書

當伍子胥騎著高頭大馬，身著朝服，來到穹窿山茅蓬塢請孫武出山時，已在吳國避隱深居多年的孫武預感到這是一次非同尋常的召見，這將是自己政治生命的極大轉機。

伍子胥和孫武兩個人寒暄後，伍子胥取出禮物送給孫武。見孫武十分高興，伍子胥又轉達了吳王準備聘請他為將軍的意思，激勵他說：「先生飽學，滿腹韜略，如果棄置鄉野，那不是太可惜了嗎？」

孫武非常冷靜地說：「我研究兵法只是一種愛好，並非想借此榮登官場，享受榮華富貴。而且就我個人而言，對於辭令並不擅長，恐怕難以擔當大王的重任呢？」

伍子胥對於孫武非常了解，完全理解他的心理，並且一向知道孫武胸懷大志，所以他並不急於求成，而是用更溫和的口氣說：「先生的清廉我向來欽敬，您不願出仕為官也在我的意料之中。不過吳王求賢若渴，一心禮聘先生，如果我將先生的話轉達吳王，他也未必相信，反而可能會認為我辦事不力。看在朋友的情面上，還是先生辛苦一趟，如果您要拒絕，請當大王之面稟告。希望先生體諒我的苦衷。」

話說到了這裡，孫武也只好跟隨伍子胥一起前往吳都了。於是，孫武帶上自己多年來心血和汗水的結晶子兵法十三篇，跟隨伍子胥，向吳國都城走去。

第二天一大早，吳王闔閭就在伍子胥的陪同下，親自到孫武下榻歇息的館舍登門造訪，表現出禮賢下士、求賢若渴的不凡氣度。

這時孫武也早早就起了床，等待著吳王的召見，卻萬萬沒有想到，吳王親自登門拜訪。

在孫武下榻歇息的館舍內，孫武拜見了闔閭。

客氣了幾句以後，接著君臣兩個人開始了長談，從當今天下大勢，到各國的具體情況，孫武都說得頭頭是道。特別是談到行軍攻伐的事情，孫武更是對答如流，闔閭十分高興。

後來，當闔閭問到現今的霸主晉國的情況時，孫武進行了細緻的分析，孫武認為，晉國現在的韓、趙、魏、范、中行、智六卿共同執政的局面，不會長久，很快就會被打破。

闔閭問：「那韓、趙、魏、范、中行、智這六卿中，哪個先亡，哪個最後能成功呢？」

孫武十分肯定地回答：「范、中行氏先亡，智氏其次，韓、魏再次，趙氏取得成功。晉國最後必定歸屬趙氏。」

接下來，孫武透過分析當時晉國各個政治集團興亡的原因，向吳王闔閭闡述了進行社會變革的理論主張。

吳王闔閭是一位立志圖霸、富有改革創新精神的君主。孫武對時局的剖析，正好說到他的心裡。

同時，闔閭從孫武豐富廣博的歷史知識、驚世駭俗的理論見解、機智敏銳的政治洞察力中，看到了吳國圖強發展的曙光，更堅定了他爭霸中原的信心。

在這次召見中，孫武鄭重地向吳王闔閭獻上了自己花費了大量的時間和精力撰著的兵法十三篇。吳王闔閭接過竹簡展示，粗略一看，頻頻點頭稱讚。由於時間已經太晚了，闔閭只得帶回宮去仔細觀看。

當闔閭看完手中由 20 多片竹簡編串成的 300 餘字的《計》篇，感覺孫武將兵戰論述得真是太透徹了。

全篇圍繞「計」字展開，進行戰爭上的計算運籌。戰爭還沒有開始，

要先進行「計」，也就是做好應付各種局面的準備，這真是切中了戰爭的要害。

闔閭一篇一篇接著往下讀。《作戰》、《謀攻》、《形》、《勢》、《虛實》、《軍爭》、《九變》、《行軍》、《地形》、《九地》、《火攻》、《用間》。闔閭一口氣讀完了孫武進獻的兵法十三篇。

幾乎每看一簡，吳王便情不自禁地叫好。他越看越愛看，興致盎然，一字不漏全看在了眼裡，看到一些名言警句時，還擊節讚歎。

孫武的兵法十三篇，各有側重，波瀾起伏，分析透徹，見解精到，實用性強。孫武在修改兵法十三篇時，充實進了許多吳國的國情以及吳、越兩國衝突的戰例，有針對性地進行闡述，這更加引起了吳王的興趣。

孫武在兵法十三篇中自比商朝開國大臣伊尹和周朝開國大臣姜太公，也體現了他的遠大理想、宏偉抱負和輔佐吳王創建千秋偉業的願望。

當吳王闔閭讀完了孫武兵書全文以後，不禁暗自驚嘆。孫武的兵法十三篇，真是字字珠璣，篇篇華章，真言警句，比比皆是。僅僅五千餘言的一部兵書，深刻闡明了兵戰的利害關係、戰事規律、將帥素質和勝戰要求。

闔閭不禁感慨，孫武的確是一位難得的賢士良將，吳國有這個人做大將，圖強爭霸的目標就一定能夠實現。

吳王闔閭連夜召伍子胥來商定，明日早朝約見孫武。伍子胥受命後，趕緊赴孫武下榻歇息的館舍，向孫武祝賀，並宣讀了吳王的旨意。

訓練宮女作戰

第二天，吳王闔閭舉行早朝，正式召見孫武。

吳王闔閭從昨天與孫武的交談中，看出孫武的確具有政治頭腦，通曉韜略，真如伍子胥舉薦時所講，是一位可以率領三軍折衝破敵的將才。

昨天晚上又仔細地研讀了孫武所著的兵書，真可謂字字珠璣，句句在理，篇篇華章，更加認為這是一位難得的人才。

此時正求賢若渴的闔閭，如同久旱逢甘霖，萬分欣喜。但吳王闔閭畢竟是一位久經沙場、親自率過兵打過仗的君王。

他深知戰場上雙方局勢的微妙變化，以及實際作戰中的諸多不確定因素。

儘管孫武的兵法十三篇寫得非常好，但他對孫武的實際才能，還是多少有些疑慮。他今天想再進一步考考孫武，驗證一下他的真本領究竟如何。

孫武上殿，拜過吳王闔閭。闔閭先是對孫武的兵法十三篇大加表揚一番，說：

「先生的兵法十三篇，寡人已經全部看完了。書中關於戰爭及軍事謀略的論述真是太透徹了，太精闢了！著實讓寡人耳目一新，受益匪淺。」

孫武向吳王躬身深施一禮，然後謙虛地說：「草野之民，學疏才淺。承蒙大王錯愛，實不敢當。」

吳王說：「先生不必過謙，你的兵法確是前所未見，博大精深，不過，兵法再好，也僅僅是些大道理，不知先生可不可以試試練兵呢？先生如果有興趣的話，可否為孤王小規模地實驗一番，讓我們見識見識？」

「可以」，孫武回答說。

訓練宮女作戰

「先生打算用什麼樣的人去演練？」吳王問。

「隨君王的意願，用什麼樣的人都可以。不管是高貴的還是低賤的，也不論是男的還是女的，都行。」孫武對此充滿信心。

吳王聽孫武話說得這麼乾脆，心想你也太自信了吧！就想給孫武出個難題，給他個教訓，如果他不敢應承，就算開了個玩笑吧！於是吳王微笑著問：「用宮女可以嗎？」

「沒問題」，孫武想都沒有想就大聲回答。

這可是太出乎吳王的意料之外了，他本想只是拿這個取笑一下孫武，給他個下馬威，不讓他說話太過分，沒想到他毫不猶豫就答應下來了，還以為他這也是開玩笑呢！

於是吳王大笑著說：「先生是在和寡人開玩笑吧？難道天下還有能指揮女人們打仗的兵法？太可笑了！」

孫武激動起來，站起來斬釘截鐵地說道：「大王如果信得過臣，請將後宮的宮女交給臣，如果不能讓她們操戈習戰，臣願意領受欺君之罪！」

吳王聽到這裡，也不好不答應了，畢竟是自己提出來的。另外，他還真想見識一下這個孫武說的美女操戈呢！看看他是不是真的有這個本事，把這些弱不禁風的女人訓練成馳騁沙場的士兵。

於是，吳王立即傳令，將後宮美女180人組織起來，把王宮變成了訓練場，自己和群臣興致勃勃地坐在望雲臺上觀看。

孫武徵得吳王同意後，將吳王的兩個寵妃左姬和右姬充作隊長，然後要求說：

「訓練軍隊，最主要的是號令嚴明，賞罰分明。雖然是訓練，也是應該有的。所以，請立一個人作為執法官，兩個人作為軍官，負責傳達命令。」

吳王看到孫武嚴肅異常，而且還佈置得像模像樣，不禁心生敬佩，於

是很爽快地說：「一切都照你所說的辦，還有什麼請求，都一塊提出來吧！」

孫武回答說：「多謝大王，現在還需要兩名擊鼓手，幾名做牙將的力士，這些力士要拿上各種兵器，排列在壇上，以壯軍威！」

吳王說：「好，王宮衛隊裡的人你可以任意挑選。」

一切安排停當，只見孫武更換了戎裝，頭戴兜鍪，將宮女分為兩隊，右姬統領右隊，左姬統領左隊，全部換上戎裝，右手操劍，左手握盾，表面看來也還算整齊。

準備完畢，孫武宣佈命令說：

「軍中紀律是第一位的，現在申明軍紀，一不許混亂隊伍，二不許笑語喧嘩，三不許故意違反軍令。」

然後，孫武親臨場地畫好繩墨，布成陣勢。命令傳令官授予兩名隊長每人一面黃旗，隊長拿著旗子作為隊伍前導，眾宮女跟隨隊長之後，五人編為一個伍，十個人編成一個總。

隊伍站好後，孫武便發問：「你們知道怎樣向前向後和向左向右轉嗎？」

眾女兵說：「知道。」

孫武再說：「向前就看我心胸，向左就看我左手，向右就看我右手，向後就看我背後。」

眾女兵說：「明白了。」

於是孫武命人搬出鐵鉞，這是古時殺人用的刑具，然後開始三番五次向她們申誡。

孫武教導這些宮女，務必記清自己的左右前後，轉身的時候不能出錯，行進的時候要步伐整齊，距離標準，聽從軍鼓來決定進退，左轉右轉，寸步不亂。

孫武把命令講完之後，問眾宮女：「聽明白沒有？」

眾宮女們嘻嘻哈哈，參差不齊地回答：「明白了。」

接下來，孫武下令說：「聽到第一遍鼓時，兩隊要一齊前進；聽到第二遍鼓時，左隊要右轉，右隊要左轉；聽到第三遍鼓時，所有將士都要挺劍持盾作出爭戰之勢；聽到鑼聲，左隊和右隊即回覆原地。」

宮女們第一次見識這樣的場面，而且是自己親自參與，感覺那當然是既新鮮又好玩，所以都忍不住地掩口嬉笑。

孫武下達命令：「擊鼓！」

隨著鼓聲響起，宮女或起或坐，參差不齊，而且哈哈大笑。

孫武站起來嚴肅地說：「約束不明，法令不嚴，這是將領的過錯，所以在這裡，我要再次申明一下號令。」

於是，孫武命令軍吏再一次地宣佈軍法、軍令。

鼓吏再次擊鼓，宮女們倒是都站起來了，但東倒西歪，嘻嘻哈哈。

孫武見狀說：「解釋不明，交代不清，應該是將官們的過錯。我再次申明一下軍紀。」

於是又將剛才的一番話詳盡地再向她們解釋一次，並強調說，如果再有不聽從命令的，就要斬首示眾。

這次是孫武親自擊鼓，誰知左姬、右姬和宮女們看見孫武那副認真的樣子，覺得甚是好玩，倚仗吳王對自己的寵愛，更加放肆，甚而索性趴在地上不動。

孫武見此情景，心想，如果再不來真的。眼下的局面將難以收拾，我也將被天下恥笑。只見孫武兩目圓張，大聲說：「執法官安在？」

執法官立刻走上前來，跪下聽候命令。

孫武厲聲說道：「解釋不明，交代不清，是將官的過錯。既然交代清

楚而不聽令，就是隊長和士兵的過錯了。軍法上是怎樣規定的？」

「當斬！」執法官回答說。

孫武說：「士兵難以盡誅，可將二位隊長斬首示眾。」

執法官見孫武嚴肅認真，不敢違令，便將兩名女隊長綁上，準備行刑。

兩位寵妃見孫武要殺她們，剎時間魂飛天外，號咷大哭，其他美女全都大驚失色，驚恐萬分。

哭聲驚動了吳王闔閭，他見孫武真的要斬自己的兩位寵妃，忙派人急馳校場，命令孫武道：

「寡人已經相信將軍用兵的能力了，但兩名女隊長是寡人的愛妃，如果她們有什麼不測，寡人將食不甘味，請將軍手下留情！」

孫武堅定地回答說：「軍中無戲言。臣既然已經授命為將，將在外，君命有所不受。如果我徇私釋放了有罪的人，那怎麼能夠服眾呢？請向大王轉告。」

說完這些話，孫武不再理會那個吳王的使者，命令左右說：「趕快行刑！」

然後，將兩個女隊長的首級示眾。

孫武把吳王的兩名愛姬斬首以後，又命令兩隊的排頭充當隊長，繼續練兵。

這次，宮女們個個如同換了個人一樣，鼓聲令左，就一齊向左；鼓聲令右，便一齊向右；不管鼓聲如何指令，眾宮女前後左右，進退迴旋，跪爬滾起，全都合乎規矩。

人人全神貫注，緊張嚴肅；個個目不斜視，口不出聲。整個練兵場上，只聽到整齊劃一的腳步聲和器械撞擊聲。

訓練宮女作戰

孫武見已訓練整齊，就派人進宮去報告吳王說：「已經訓練好了，請君王前去檢閱。這樣的軍隊，君王願意怎麼支配都行。就是讓她們去赴湯蹈火，也不成問題。」

由於寵妃被殺，吳王非常不高興，但又不便發作，只好強忍怨氣，對軍士說：「你去告訴孫武，他很辛苦，回去休息吧！我也不想去檢閱了。」

坐在一旁的伍子胥連忙躬身說：「臣曾聽說過，軍中最重要的是軍紀，如果軍紀不嚴明，那兵法就無法執行。打仗是嚴肅的事情，如果把它當作兒戲，沒有不失敗的。希望大王前去檢閱，成大業的人不能偏執於兒女私情，請大王明察。」

吳王聽了伍子胥的一番言論後，恍然大悟，於是率領群臣前去檢閱。宮女們嬌豔的面龐，此時卻變得十分嚴肅，君王駕臨，仍然目不斜視，聚精會神地聽著孫武的號令，動作協調一致，絲毫不敢苟且，真的變成了一群軍紀嚴明，赴湯蹈火也在所不辭的勇士了。

檢閱完畢後，吳王帶著孫武和伍子胥來到王宮，連聲誇讚說：「孫先生，今天看到您優異的表現，真是大開眼界，不愧為難得的將才啊！」

孫武先是向吳王謝罪，接著便要申述殺姬的理由，可是這時吳王心亂如麻，那裡聽得進去什麼解釋，不過對於孫武他也不好再說什麼，只好連聲說是，並且對孫武大加讚賞了幾句。

孫武還想找機會說幾句，可是吳王對孫武說：「請將軍先回館舍休息去吧！有事明天再說，我現在心裡有些亂。」

孫武聽了，感覺有些失望。伍子胥這時候也不好插話，於是孫武收兵罷演，回館舍休息去了。

舉行登臺拜將儀式

吳宮教戰，孫武怒斬吳王兩名愛妃，表現了孫武執法的嚴明。在這麼短的時間內，就將嬌柔的宮女訓練成能夠戰鬥的卒伍，充分證明了孫武的將帥之才。

但吳王闔閭卻一時難以接受兩名寵姬被斬的事實，一連6天，食不甘味，夜不能寐，腦海中總是浮現兩位寵姬的音容笑貌。闔閭心中甚至一度萌生了不用孫武的念頭。

伍子胥看出吳王闔閭的心思。他伺機向闔閭進諫說：「臣聞自古以來，用兵是一件非常嚴肅的事情。以法治軍，軍令才能暢通。大王難道不想征伐強楚爭霸天下了嗎？大王天天朝思暮想的不就是能得到良將的輔佐嗎？」

伍子胥看看吳王闔閭沒有發怒的意思，就繼續說：「如果大王因為失去兩名愛妾就不起用孫武，那麼，還有誰能幫助大王興兵伐楚、爭霸天下呢？」

「大王不要忘記了，美色易得，良將難求，若大王因兩個寵姬違法遭誅就放棄孫武這樣的賢將，何異於農耕時保護莠草而鋤去禾苗。再說這樣做也與大王您虛懷若谷、任賢使能的盛名相悖呀！退一步說，即使大王您不用孫武，您的兩名愛妃也不會活過來了，請大王務必權衡斟酌。」

闔閭畢竟是一位胸懷大志的明君，他聽了伍子胥的話，恍然大悟，經過權衡利弊得失，他決定拋卻殺姬之恨，正式任用孫武。

闔閭與伍子胥等商議，決定拜孫武為將軍，尊為國師，參與朝政，和伍子胥等一起經國治軍，輔佐吳王。

舉行登臺拜將儀式

不過，伍子胥同時提出，需要事先找孫武談一下。因為現在的孫武也是心存疑慮，未必能夠爽快地答應，因為他畢竟斬了吳王的愛妃，而且知道吳王心裡不痛快，這可能會影響他對大王的信任。

在吳王闔閭的授意下，伍子胥當天晚上就派人去邀請孫武到自己的府上。伍子胥事先備好了酒菜，孫武一到，就和老朋友開始邊喝酒邊談心。

伍子胥直奔主題說：「吳王已經決定要拜先生為大將軍，讓我先和您談一下。吳王開始的確是很生你的氣，後來，我勸他說，孫武這樣做是對的，軍隊必須有鐵的紀律，不聽指揮，一盤散沙，怎能打勝仗呢？」

「吳王是個開明君主，一點就通，心裡氣消了。後來，見那些弱不禁風的宮女經過你訓練，果然英姿勃勃，他對你十分佩服。要不然，你又不是吳國人，他怎麼會放心大膽拜你為大將呢！」

孫武聽伍子胥這麼一說，覺得吳王還是相當有氣量的，便安下心來，準備大展宏圖了。

第二天，吳王闔閭在伍子胥等人的陪同下，親自前往館舍向孫武致歉。孫武對吳王此番舉動，深受感動，也為殺姬一事向吳王請罪。

接著，孫武向闔閭說：「令行禁止，賞罰分明，這是兵家的常法，為將治軍的通則。對士卒一定要威嚴，只有這樣，他們才會聽從號令，打仗才能克敵制勝，軍隊才能所向披靡。」聽了孫武的一番解釋，闔閭更加佩服孫武的見解和才能。

吳王闔閭派人在吳宮築起高高的拜將臺，選擇良辰吉日，正式拜請孫武為將軍，尊為國師，參與朝政。

幾天後，在教場山下新築起的高高將臺上，吳王闔閭舉行了隆重熱烈的拜將儀式。

穹窿巍巍，太湖泱泱，山黛水碧，風和日麗。璀璨的陽光照耀著太湖粼粼的水波，折射出閃閃的金光。教場山下，旌旗招展，金鼓齊鳴。參加

儀式的將士們個個盔明甲亮，精神抖擻；吳國的大旗隨風飄揚。良辰吉時一到，吳王闔閭在眾衛士的簇擁下，在眾將士的歡呼聲中登上拜將臺，親自將繡有「孫」字的帥旗、將軍的甲冑、佩劍、印章和兵符授予孫武。

孫武跪拜謝恩，雙手接納。文武大臣、師旅將士，紛紛拜賀吳王的英明，祝賀孫武將軍光榮受命。

伍子胥為孫武在現今蘇州古城西何山和獅山之間的開闊地帶，開闢了一個小教場，為孫武訓練軍隊之用，並在中心位置營造將軍府宅。

孫武全家從穹窿山的茅蓬塢搬到將軍宅居住。自此，孫武全身心地輔佐吳王闔閭經國治軍，謀劃爭霸大業。

吳王拜孫武為大將後，設盛宴慶賀。酒席間，吳王首先發表了自己的看法，他說：「我平生之誌，就是要稱霸中原，讓咱們南方人揚眉吐氣，而楚國自恃地盤大，人口多，處處和我作對，所以，要達到稱霸中原的目的，必須擊敗楚國。」

吳王的講話贏得了大家的贊同，他繼續說：「另外，伍大夫一門忠良，為楚平王治國保疆立下汗馬功勞。可恨楚平王聽了奸臣費無忌讒言。殺了伍大夫父兄不算，還要斬草除根，追捕伍大夫。」

聽吳王這樣說，孫武下意識地看了一眼伍子胥，只見他眼睛裡充滿了怒火，彷彿正在回憶自己的父親和兄長被殺的情景。在場的所有人都能夠感覺到伍子胥的痛苦。

吳王也看了一眼伍子胥，又掃視了一眼在場的所有人，繼續說：「可憐伍大夫為了躲避追殺，逃到我們吳國，過韶關時一夜急白了頭髮。我一定要替伍大夫報仇，踏平楚國。不知孫將軍對伐楚有何考慮？」

對於討伐楚國，孫武早已經有了自己的打算，見問到了自己，立即回答說：「楚國我們一定要打的。不過，迫害伍大夫的楚平王已死好幾年了，繼位的楚昭王勵精圖治，國力強大，如果輕易出兵，我們很可能會失敗。」

　　說到這裡，孫武掃視了一下吳王和在場的所有人，看大家有什麼反應。他從大家的眼神裡看出了一些失望，於是他接著說：「我知道大王可能有些失望，可是戰爭是殘酷的，它關係到國家的興亡和百姓的生死，需要考慮周全，經過周密思考後，才能決斷。一般人以為戰爭勝負取決於武力，其實不然，勝敗依武力決雌雄，這是下策，不戰而勝才是上策！」

　　吳王聽到這裡，感到非常奇怪，他問：「打仗就是兩軍對陣以決勝負，不戰如何決勝負呢？」

　　只見孫武微微一笑說：「勝利之道，有四種手段。第一，伐謀，就是事先探明敵人的意圖，先發制人，以求精神上壓倒對方，使敵人喪失鬥志，從而獲取勝利，此法為上策。第二，伐交，就是詳細研究敵國有哪些同盟者，粉碎他們之間的同盟關係，從而削弱它的力量，此法為中策。第三，伐兵，即戰爭，用武力取勝，屬下策。第四，伐城，攻城得勝，由於敵人堅守，要付出很大代價才能取勝，這是下下策。」

　　伍子胥說：「我明白了，攻打楚國，以伐謀和伐交為主，先生是不是想說這個意思啊？」

　　孫武不由得看了一眼伍子胥，感覺遇到了知音，他微微點了一下頭說：「正是。」

　　這時吳王也來了興趣，禁不住問：「這伐謀和伐交，到底該如何做呢？」

　　孫武說：「削弱敵人有許多方法。比如，我雖然很強，但可以故意偽裝成弱小，使敵人輕視我，喪失對我的警惕。再比如，利用奸細離間敵人的重要大臣，讓他們產生內部矛盾，從而削弱他們的力量，這些辦法都屬於伐謀策略！」

　　伍子胥連稱這手段高明，他又問孫武：「伐交當如何做呢？」

孫武說：「說具體的吧！現在，楚國與唐、蔡兩個小國結成同盟，如果我們攻楚，唐、蔡二國一定會出兵幫忙。另外還有楚國的附屬小國桐國，也會在戰爭中與我們作對。如果我們直接主動出擊，勢必會遭到多方面的進攻，處於腹背受敵的不利局面。」

吳王聽得很出神，忍不住打斷孫武說：「那我們該怎麼辦，這就是該運用伐交戰略的時候了吧？」

孫武笑了一下，繼續說：「是啊！我們要使用外交手段拉攏唐、蔡兩個國家，還有桐國，這就是伐交之策。一旦唐、蔡兩個國家能夠保持中立，甚至反過來幫我國去攻打楚國，楚王肯定就招忍不住了！」

吳王和伍子胥連聲稱好，佩服孫武的智慧和深謀遠慮，決定按照孫武的計劃行事。

首次指揮大規模戰爭

　　吳王是個有見識、有雄心的君主，又有孫武、伍子胥兩員重臣，真是如魚得水，如虎添翼，所以很快吳國便由一個貧弱的小邦，一變成為府庫充實、兵強馬壯的國家。

　　吳王憑藉不斷增長的政治、經濟和軍事實力，開始準備同強楚爭奪東南之地，不過卻不知道先從哪裡入手。一次吳王問孫武說：「我軍先從什麼地方進攻？」

　　孫武說：「大凡行兵作戰，都要首先消除內患，然後才能對外征伐。我聽說王僚的弟弟掩余、燭庸，一個在徐國，一個在鐘吾，二人都想替王僚報仇。現在發兵，應該先除掉這兩個人，然後開始南伐。」

　　吳王闔閭覺得有道理，就說：「徐國和鐘吾都是小國，派使臣去索取逃亡的吳國大臣，他們不敢不答應。」

　　西元前 512 年夏，吳國派出兩名使臣，一個到徐國去要掩余，一個到鐘吾去要燭庸，責令徐國和鐘吾國交出兩位公子。

　　徐國的君主章羽不忍心看著掩余回國受死，偷偷派人把這事告訴他，掩余急忙逃出徐國。半路上碰上燭庸也從鐘吾逃了出來，兩人一商量，就去投奔楚國。

　　楚國十分得意，立即派出大員隆重迎接二公子，楚昭王滿心歡喜地說：「這兩人一定恨極了吳國，應該乘這時候和他們好好結交。」

　　楚昭王下令，請兩位公子在養地，即今河南沈丘縣暫住。接著，楚王又命令莠尹然、左司馬沈尹戌重新修整養城，把養城東北邊的城父、東南邊的胡田兩塊地方封給了兩位公子，企圖利用兩位公子為害吳國。

　　徐國和鐘吾國的放肆行為，楚國的挑釁行動，大大激怒了吳國君臣，

給吳國出兵提供了口實。一方面，闔閭為了誅殺逃到徐國和鐘吾國的掩餘、燭庸兩位公子，消除遠征楚國的後顧之憂，同時，也為了檢驗一下自己執政 3 年來的軍事實力，吳王決定出兵。

西元前 512 年冬天，吳王派孫武、伍子胥興師，發動了一場針對徐國和鐘吾國的戰爭，即養城之戰。

養城之戰是孫武受命拜將後指揮的第一場戰役，因此孫武特別重視。在戰前，孫武認真分析了敵我雙方力量的對比，親自制訂了戰略戰術和作戰計劃。

然後，孫武親自挑選了一部分經過嚴格訓練的軍、旅、卒、伍，連同部分水師，開始了北征徐國和鐘吾國的戰鬥。他率師北上，過長江、入淮河，調集戰車、戰船突然包圍了鐘吾國。

鐘吾國畢竟是一個又小又貧窮的國家，不堪一擊。吳軍以壓倒一切的優勢，迅速占領了鐘吾國都城，拘捕了國君，鐘吾國也就滅亡了。

孫武乘勝進軍徐國。徐國國君章羽見吳國大軍來襲，趕緊派人向楚國求援。孫武見徐國已向楚國求援，便在楚國救援軍隊到來之前，利用緊鄰淮水的有利條件，堵截壅山的峽谷，用大水灌淹了徐國。

吳國的水軍在徐國都城的城濠中遊弋，當時嚇得徐國國君章羽慌忙出逃，投奔楚國去了。吳國軍隊幾乎沒費一兵一卒，戰鬥幾乎沒打響，就已經結束了。這就是所謂的「不戰而屈人之兵」，吳軍順利地消滅了徐國。孫武窮除了楚國這兩個羽翼小國，為吳軍攻克養城掃清了障礙。

消滅了兩個小國，接下來就是對付楚國了，當時吳國還不具備全面攻打楚國的勢力，所以在攻打楚國養城之前，孫武首先認真分析了敵我雙方的形勢，向吳王闔閭提出了「擾楚疲楚、攻克養城」的戰略方針。

在戰術實施的時候，孫武將吳軍分編成三軍，孫武以第一軍兵力向城

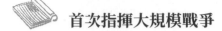

父進軍，楚國當時在城父集中了大量兵力，孫武假裝不能攻克，然後率領吳軍兵鋒一轉，南下渡過淮水，一直走了250多公里，攻打楚國的潛、六兩個地方。

潛、六兩地守軍抵擋不住，趕緊向楚國國君救援，當楚軍的援兵即將到達時，吳軍便撤退待命，不與楚軍正面衝突。

楚軍見吳軍撤走，便將部隊駐紮在南岡。孫武這時調動吳國的第二軍人馬沿淮水而上，快速行軍數百里直撲楚國戰略要地弦邑，即今河南息縣南。

弦邑危機，楚軍接到命令，火速向弦邑進軍，進行支援。孫武見已成功調動了敵軍，便命令軍隊撤退待命。由於吳軍的兩支部隊成功地調動了敵軍，使敵人疲於奔命，士氣低迷。

這時，孫武乘楚軍首尾不能相顧的時候，開始派第三軍進攻養城。由於楚國在養城只有少量的防守駐軍，吳軍輕而易舉地攻破了城池。居住在養城的掩餘和燭庸兩公子，來不及逃走，就被吳軍活捉，並被立即處死，養城之戰勝利結束。

孫武首次率軍出征，便旗開得勝，大獲成功。這一下可喜壞了吳王闔閭。闔閭慶幸發現和重用了孫武這樣的將才，看來自己西破楚國、爭霸天下的夙願不久就要實現了。

吳王闔閭在嘉獎慰勉孫武的同時，要求孫武乘勝追擊，對楚國進行全面進攻，擴大戰果。

面對勝利和榮譽，孫武顯得異乎尋常的冷靜。他分析了吳、楚兩國的歷史和現狀，認為吳國還不具備全面破楚入郢的軍事實力，更沒有克敵制勝、自保而全勝的把握。

孫武果斷地勸諫吳王說：「楚軍是天下的一支勁旅，與徐國和鐘吾國

不可同日而語。我軍已經連滅兩國，又攻下了養城，現在人馬疲勞，軍資消耗巨大，不如暫且收兵，養精蓄銳，再等良機。」

由於連續 3 年建設新都城，財力消耗很大。這次軍隊連續征戰 3 個多月，的確需要進行休整。於是，闔閭聽取了孫武的建議，命令班師回朝。

這時疲憊的楚軍見吳軍要撤退了，也大大放鬆了警惕，就在吳軍途經吳、楚的邊境時，孫武命令吳軍乘楚軍沒有準備，向楚國的舒邑發起了進攻。舒邑的楚軍絕對沒有想到正在撤退的吳軍會來個回馬槍，所以很快就投降了。

孫武第一次指揮吳國軍隊，就滅掉了鐘吾國和徐國，攻占了養城、舒邑等楚國重要城邑，占領了淮河北岸大片土地。

養城之戰，成功拘殺了流亡在楚國的掩餘、燭庸兩公子，翦除了楚國的兩個羽翼小國，打擊了楚國的氣焰，為吳國遠征楚國消除了後顧之憂。

整個行動僅僅動用了少量吳軍，就取得了如此輝煌的戰績，這充分證明了孫武用兵的神奇和兵法十三篇的巨大威力。孫武第一次嶄露頭角，小試牛刀，便取得了巨大的勝利，從而一舉在吳國朝野、吳軍上下贏得了尊敬和威信。

實行全國軍事改革

養城之戰後，孫武與伍子胥共同成為吳王闔閭的左右手，參與朝政，出謀劃策。闔閭經常召見伍子胥、孫武，與他倆一起研究國事，商討對策。

孫武官職為將軍，自然對經武治軍方面有所側重。孫武向吳王提出了富國強兵的一系列建議和主張。

首先，孫武認為吳國需要擴充兵員，把總兵力擴充到 10 萬人以上，只有這樣，才能符合長遠的戰爭需求。

其次，孫武還認為，吳國需要進行一次全面的軍事改革，只有這樣，才能真正建立一支強大的軍事力量。

軍事改革涉及吳國軍事的方方面面，在吳國軍事領導體制方面，需要實行軍權下移，文武分職；在軍事編制方面，需要實行軍、旅、卒、伍四級編制。

另外還需要加強軍、旅、卒、伍的素質訓練，完善吳國的軍事法制，嚴明賞罰規定，還需要治理兵庫、充實軍需。

孫武提出的一系列重要的經國治軍方略，得到了伍子胥的熱烈推崇，最後也都被吳王闔閭採納。

孫武分工軍事，責無旁貸地經常與伍子胥等一起策劃廟算，制訂改革方案，並親自組織實施。

孫武由衷地敬佩吳王闔閭執政以來，制定並實行的強國富民的軍事政治路線，贊成繼續實行「立城郭、設守備、實倉廩、治兵庫」的基本國策。

在闔閭大城的建造中，孫武積極建言獻策。按照孫武的建議，吳王闔閭修改了設計方案，在設 8 座陸路城門的基礎上，增設了水門 8 座，並

在城南和城北，留出大片沃野農田，發展農桑，儲備糧秣，以解日後圍城之急。

城中水陸相傍，河街並行，橋梁眾多，民宅枕河，水陸碼頭，運輸繁忙，店肆貿易，興旺發達。闔閭大城迅速成為吳國的政治、經濟、軍事和文化中心。

孫武出於軍事角度考慮，與伍子胥策劃，經吳王同意，圍繞都城，加強守備，建設防衛體系，建立了許多的衛星城邑，有記載的就有數十座之多。

吳王採納孫武的建議，大力發展水軍，大量製造各種類型的船隻。為了加強邊境上的防衛，在穹窿山最高峰派兵防守，建立瞭望臺，密切監視太湖之上往來船隻的動靜。

吳國軍隊在孫武的管理和訓練下，武器裝備得到更新和改良，士卒素質和戰鬥力明顯增強，吳國綜合國力和軍事實力得到了突飛猛進的大發展。

採取疲楚戰略

楚國是吳國最強大的敵人，消滅楚國是幾代吳王共同的心願。孫武和伍子胥在輔佐吳王發展經濟，訓練軍隊，壯大本國實力的同時，商議了一套用以長期消耗楚國經濟和軍事實力的疲楚戰略。

最終孫武和伍子胥兩個人決定，這個戰略由伍子胥負責向吳王闔閭提出。

有一天散朝以後，吳王邀請伍子胥和孫武在皇宮進行私宴，在宴會上，伍子胥提出暫時撤走所有宴會上侍者，只留下吳王和孫武他們3個人。

當其他人都全部下去以後，伍子胥提出了自己和孫武商議的計策。伍子胥說：「大王天天日思夜想的就是與楚國間的戰爭，臣和孫將軍也是天天進行計議，現在有一條計謀，想和大王商議一下，不知道當講不當講？」

吳王闔閭說：「伍將軍，趕快說來。」

伍子胥看了一眼孫武，然後開始說：「為臣和孫將軍認為，楚國軍事力量十分強大，發動直接的軍事進攻，恐怕不能發揮作用。但是楚國有個致命的弱點，那就是他們政出多門，意見分歧，難以統一，誰也不願承擔責任。」

吳王說：「可是這與戰爭有什麼關係呢？」

伍子胥說：「這大有關係，假如我軍採取疲楚的軍事戰略，待楚軍疲憊之後，我們通過外交、間諜等途徑影響他們的決策，造成他們的失誤。然後再大舉伐楚，定會大獲全勝。」

吳王說：「聽起來還不錯，可是具體怎麼操作呢！怎麼能讓楚軍疲

儻呢？這恐怕不是那麼容易的事吧！將軍有什麼巧妙的方法呢？」

伍子胥笑笑說：「我和孫武將軍早就商量好了，具體的計策是，把吳軍分成三批，一批休整併負責本國的衛戍任務，一批進行系統訓練，提高軍隊的作戰能力，一批在楚國邊境活動，負責騷擾楚軍。」

孫武補充說：「這樣，三軍輪番出師，不停地騷擾楚軍，消耗楚軍的力量。同時，通過不斷運動麻痺對方，在局部地區創造時機，造成以強打弱的態勢，集中優勢兵力，一小部分一小部分地消滅楚軍的有生力量。」

吳王聽到這裡，不禁拍手稱讚，他大笑說：「這真是妙計，透過這個方法，那大破郢都的日子就指日可待了！」

吳王完全採納了孫武和伍子胥的「疲楚誤楚」計謀，並責成孫武、伍子胥去具體實行。

西元前 511 年秋，孫武率領剛剛整頓訓練過的一支軍隊圍攻楚國的六、潛二城。楚國聞報，便派沈尹戍率兵救潛、六兩城。當楚國援軍還在途中，吳軍加強了進攻的力量，攻占了潛、六兩城。

孫武估計楚國救兵將到，留下少數守衛將士迎擊援軍，主力部隊主動撤退。結果，楚軍經過長途跋涉，卻撲了個空，白跑一趟，只好將潛城人遷到南岡，即今安徽霍山縣北，然後悻悻而回。

楚軍主力剛回郢都，人還沒有解甲，馬還沒有下鞍，孫武又率吳軍圍攻楚國的夷邑。楚昭王大怒，命令左司馬戍、右司馬稽兩員大將領兵出征。

在楚軍救援部隊到達夷邑之前，吳軍主力部隊已經攻克了夷邑。楚軍連夜奔赴前線，才趕到附近的地區，離夷邑還有一段路程，吳軍就已自動撤走，楚軍再一次撲空，士兵怨天尤人。

吳軍接著又圍攻楚國的弦邑，待楚國援軍到達前，攻克弦邑的主力部隊又撤走了。

採取疲楚戰略

　　就這樣，楚國守衛弱的地方，吳軍就進攻，待楚國援軍到達前，吳軍又主動撤退。吳國實施的疲楚戰略，在吳、楚邊界頻繁發動騷擾戰，初步達到了擾楚、疲楚、削弱楚國軍事實力的目的，向「西破楚國」的戰略目標又邁進了一步。

　　就在孫武、伍子胥等率軍在吳、楚邊境進行擾楚、疲楚，大量消耗楚軍實力時，南方的越國卻在吳國的肘腋之下，主動策應楚國，進攻吳國邊境。

　　吳王闔閭在擾楚、疲楚取得初步成果的情況下，決定先發制人，調兵攻打越國，但又擔心一支人馬兵力單薄難以取勝。

　　孫武見吳王猶豫不決，便對吳王說，兵在精而不在多，越軍雖然人很多，但是我們可以用計謀分散他們的力量，因而一支人馬就足夠了。

　　西元前 510 年，吳越兩軍對壘，在檇李，即今浙江嘉興西南地區開始了一場激戰。在孫武的策劃下，闔閭同孫武、伍子胥率領一支經過整頓訓練的軍隊，一舉攻克占領了這座吳越邊境的重要城邑。

　　吳王闔閭想乘勝追擊，再多侵占一些越國的領地邊邑。孫武勸諫吳王說，當前吳國主要進攻的戰略目標是西部強大的楚國，不應深入越國內部與其爭戰。闔閭採納了孫武的意見，主動從越國撤軍。

　　西元前 509 年，楚昭王為報前年吳國攻占六、潛等邑的仇恨，派主掌軍政大權的最高長官令尹子常率師東征，駐軍在豫章，即今河南商城和安徽六安一帶。

　　吳王派孫武、伍子胥率兵迎擊，將進犯的楚軍包圍在豫章。孫武以「伐兵」即消滅敵人有生力量為指導思想，成功地運用了相敵、間敵、誘敵、驕敵、詐敵、動敵、因敵等制勝策略，從容不迫，大破楚城，俘虜楚將，大敗楚師，牢牢地控制了戰場主動權。

　　最後，孫武在率領吳國大軍回師途中，又俘虜了楚平王的兒子、時任

守巢大夫的繁，把他帶回吳國，作為人質。豫章一戰，使吳國最終完成了擾楚疲楚、破楚入郢的戰略部署。

廣泛運用伐交戰略

孫武在設計擾楚、疲楚，大量消耗楚軍有生力量的同時，廣泛運用了伐交的軍事策略，積極策動楚國的鄰國叛楚親吳，從而達到孤立楚國、削弱楚國的目的。

桐國是屈服於楚國的一個附屬小國，故址在今安徽桐城縣北。在孫武伐交思想的指導下，吳王派使者前往桐國遊說：「楚國凌辱桐國，處事非常霸道，官員又極其貪婪，使桐國不堪重負，現在我們的吳王是仁義君主，願意與桐國結成聯盟，聯合起來，共同討伐楚國。」

吳國使臣的話正說到桐國國君的心裡，面對日益強大的吳國，桐國也早有投靠的意思，再加上吳國主動親近，桐國很快叛楚親吳，成為吳國的盟國。

面對桐國的背叛，楚國國君當然非常惱怒，可是面對當時日益強大起來的吳國，也不敢輕易出兵桐國。

這時，孫武又想到了楚國的另外一個小附屬國舒鳩。舒鳩國在桐國的北面，位置就在今安徽舒城縣，很早以前就被楚國吞併了，因此，舒鳩人對楚一直懷恨在心，孫武對這一點瞭如指掌。

於是，孫武派出間諜，唆使舒鳩人說：「如果您們想辦法騙楚軍來攻打吳國，我軍便佯裝懼怕楚軍，假意代楚伐桐，使楚國對我不存戒心，這樣就可以尋找機會消滅它。」

舒鳩人為了報復楚國，便聽從了吳國的誤楚之計。他們故意傳播假消息，矇騙楚國說：「如果楚國出兵到吳國邊境，吳國就會害怕楚國的威勢，願意出兵代替楚國討伐桐國。」

楚國君臣利令智昏，竟然聽信了舒鳩人的謊言，在這年秋天，派楚國

軍政最高指揮令尹子常率大軍伐吳。

吳軍故意將戰船顯露在豫章的水面，偽裝成代替楚國討伐桐國的樣子，表示屈服於楚軍的威勢。

子常得報吳軍戰船擺滿桐國以南的江面，便誤以為吳軍膽虛，想用伐桐來討好自己，於是把大軍屯駐在豫章地區，坐等時機。

這時吳軍卻在巢城，即今安徽淮南市南附近暗中集結，等待時機。楚軍從秋天一直駐紮到冬天，日子一長，士氣便日益低沈，防備也鬆懈下來。

孫武抓住時機，按照「出其不意，攻其無備」的策略，指揮吳軍發起突然襲擊，在豫章地區大敗楚軍。楚軍毫無戒備，一敗塗地。

吳軍勝利而歸，又順手牽羊攻其不備，楚國守衛巢城的大夫公子半勝也只好束手就擒。班師回吳後，吳王闔閭說：「這次雖然挫敗楚軍，但未拿下楚都，功勞不足掛齒。」

伍子胥說道：「這次雖未大敗楚軍，但臣等做夢都想拿下楚都。只是楚國軍隊是天下有名的勁旅，不可輕敵。他們國家的令尹子常雖然喪失了民心，但其他大臣還非常賢良，尚未引起諸侯的痛惡。聽說子常貪得無厭，日久必招致眾叛親離，諸侯一定反目成仇，到時再乘機西進，一定可以攻下楚國都城。」

於是，吳王派遣孫武在長江下遊演練水軍，同時派人終日打探楚軍消息。這時，孫武再次向吳王提出聯合唐、蔡兩個小國的戰略思想，這樣可以逐漸瓦解楚國的軍事陣營。

唐、蔡兩國雖是小國，但戰略位置十分重要。唐國位於楚、吳兩國之間，大體位置在今河南西南與湖北西北的交界處，是吳國進入楚國的一個門戶。蔡國位於今河南東南部與安徽交界的淮水上遊，地理位置也很重要。

《讀史方輿紀要》描述蔡國是：

> 北望汴洛，南通淮沔，倚荊楚之雄，走陳許之道。山川險塞，田野平舒，
> 戰守有資，耕屯足恃，介荊豫之間，自昔襟要處也。

這裡是楚國與齊、晉爭雄的中間地帶。唐、蔡兩個國家相連，大體位置正好位於楚國的側後方，是吳軍避開楚軍正面部隊，從其側背作深遠戰略迂迴襲擊楚軍的最佳路線。

唐國因為沒有臣服於楚國，所以經常受到楚國的欺凌。在楚、晉爭霸的戰禍中，唐國深受其害，飽受戰亂的痛苦。所以對楚國恨之入骨。

同時，正因為唐國處於楚、晉兩個大國爭奪的勢力範圍之間，所以才得以岌岌可危地存在著。蔡國由於緊鄰強楚，也受盡楚國的欺凌，蔡國君主苦不堪言。

因此，蔡、唐兩個國家對楚國早已心懷不滿，充滿怨恨，只是懾於對方強大的力量，不敢表現出來。

另外，楚國的令尹子常生性貪婪，曾因此得罪過唐、蔡兩個國家的國君。有一年，蔡昭侯帶著一雙晶瑩的玉珮和兩件華貴的皮襖去拜見楚王。

蔡昭侯將一件皮襖和一塊玉珮奉獻給楚昭王，令尹子常見物眼開，向蔡昭侯索要剩下的玉珮和皮襖。

蔡昭侯對子常的貪得無厭，十分憤恨，不肯答應，結果子常在楚王面前說了蔡昭侯的壞話，就把蔡昭侯軟禁了起來。

不久，唐成公騎了兩匹名貴的寶馬，也去拜見楚王。子常又貪婪地向唐成公索要名馬，偏偏唐成公也是個倔性子，不吸取蔡昭侯的教訓，硬是不給，結果也遭到了同樣的下場，被囚禁起來。

那時候楚昭王年紀還小，國政都掌握在子常手裡。兩位國君一住就是3年，一天到晚想回家，只是身不由己。

唐成公的兒子不見父親回國，就派大夫公孫哲到楚國探望，才知道唐侯被拘禁的原因。於是公孫哲暗地裡讓侍從把寶馬送給了令尹子常。

於是令尹子常就讓昭王把唐成公放了。蔡侯聽說唐侯因為獻馬被放了回去，也把玉珮和皮襖獻給了子常，他也被釋放回家了。

蔡侯出了郢都，肚子氣得鼓鼓的，拿出一塊白璧扔到漢水裡，發誓說：「我要是不能討伐楚國而再次渡江南來，就像這條大江一樣逝去，寡人不報此仇，誓不為人！」

當時蔡侯歸國之後，立即聯合宋、齊、魯、衛、陳、鄭、許、曹、莒、邾、頓、胡、滕、薛、杞、小邾等國，總共 17 路諸侯，以晉國為首，共同伐楚。但是其間路遇大雨，連綿不斷，晉國首先班師歸國了。

晉國大軍一走，其他國家更是無心戀戰，也紛紛歸國，伐楚的計劃不了了之。蔡侯見諸侯一個個走了，真是大失所望。

回來的時候路過沈國，蔡侯怨恨沈國沒有跟著各國一塊兒去伐楚，就順便滅了沈國，把國君俘虜後殺了，以發洩心中的怨氣，然後蔡侯帶領軍隊回國，等待新的時機。

孫武對於唐、蔡兩個國家的情況非常了解，所以他才向吳王提出了聯合唐、蔡兩個國家的建議，吳王表示同意。

吳王闔閭派使者極其友好地向唐、蔡兩國國君遞交了吳王親筆寫的函簡，贈送了禮品，表達了吳王的誠意。

這可以說正合唐、蔡兩國國君的心意，他們其實也正想投靠吳國，共同破楚，以雪昔日的恥辱呢！

從此，吳國與唐、蔡兩國之間交往日益密切，不久三國就簽訂了聯合伐楚的盟約。

後來，蔡國國君又透過晉定公聯絡宋、齊、魯、衛、陳、鄭、許、曹、莒、邾、頓、胡、滕、薛、杞、小邾等國，連同蔡、晉共 18 個諸侯國，都棄楚附晉，支持吳國進軍楚國。楚國在諸侯國中變得孤立起來。

全面向楚國進軍

楚昭王即位以後，楚國江河日下。內部奸人專權，忠良被害。外則兵禍連年，東困於吳。楚國的附屬國相繼叛離，各國諸侯也紛紛打楚的主意。

西元前 506 年秋天，楚國發兵圍攻蔡國，為沈國雪恥。蔡國向晉國求救，但是晉國沒有答應，蔡國的大臣建議蔡侯向吳國求救。蔡侯同意了，當即把自己的二兒子公子乾作為人質，去向吳國借兵。

蔡侯的二兒子公子乾見了闔閭後說：「唐蔡兩國滿懷怨憤，願為先驅。救助蔡國可以顯揚吳國的聲望，打敗楚國可以獲得豐厚的財物。大王想要攻破郢都，這個機會可不能錯過。」

吳王也打算借此機會大舉伐楚，便去徵詢伍子胥、孫武的意見。吳王問道：「當年寡人主張伐楚，兩位一致認為時機還沒有成熟，經過這五六年的準備，現在出兵，兩位認為怎樣？」

伍子胥回答說：「楚將子常貪婪無道，得罪了不少諸侯，唐、蔡兩國國君對他疾惡如仇，現在他們來向我們求救，君王正好聯合他們大舉攻楚。」

孫武說：「楚國之所以難以討伐，就是因為屬國太多，不容易直接攻入它的疆界。現在晉侯打了個招呼，十八國就聚集在一塊兒，其中陳、許、頓、胡一直都聽楚國的，這次也放棄了楚國而跟從晉國，可見人心怨楚，不只是唐、蔡兩個國家，這正是楚國勢單力孤的時候，現在正是進攻楚國的最佳時機。」

闔閭聽孫武也這樣說，伐楚的勁頭更足了，於是接受了蔡國的人質，答應出兵。

這一年的冬天，吳王闔閭親自出馬，拜孫武為將軍，伍子胥、伯嚭為副將，胞弟夫概為先鋒，公子山專督糧餉，徵集全國兵力，並聯合唐、蔡兩個國家，總計數百輛戰車，3萬多兵馬，數萬隨軍民夫，號稱10萬大軍，浩浩蕩蕩從闔閭大都的闔門出發，興師討伐楚國。

孫武採取「攻其所必救」的戰略方針，吳國大軍從胥江入太湖，進胥溪，經蕪湖，過長江北上，再經巢湖到州來，入淮水向西，進抵淮汭，即今河南潢川西北地區。這樣的行軍路線，是有意給楚軍造成吳軍要救蔡國的假象。

這時，孫武突然下達命令，全軍捨舟登岸，放棄戰船，改從陸路進攻，要人銜枚，馬摘鈴，晝夜兼程，向楚國東北邊境急速前進。伍子胥問孫武：「吳軍習於水性，善於水戰，為何改從陸路進軍呢？」

孫武告訴他說：「用兵作戰，最貴神速。應當走別人料想不到的路，以便打它個措手不及。逆水行舟，速度遲緩，楚軍必然乘機加強防備，那就很難破敵了。」說得伍子胥點頭稱是。

於是吳軍捨舟登陸，孫武從吳軍中挑選了勇士500人，善跑的士卒3,000人，組成3,500人的先鋒隊伍，沿淮水繼續向西挺進。所有吳軍戰船，全部留在淮水轉彎的空曠地方。

吳軍急行軍，先進蔡國，後入唐國，楚國令尹子常見吳兵聲勢浩大，趕緊撤除了對蔡都的包圍，掉頭就跑，回到郢都報告楚王。

蔡侯出城迎接吳王，流著眼淚訴說楚國君臣的罪惡。過了一會兒唐侯也到了，兩人自願作為左右軍，跟隨吳兵攻打楚國。

在唐、蔡兩國的密切配合下，吳軍迅速通過了楚國北部的大隧、直轅、冥厄三個險峻的關隘，直插楚國腹地，抵達漢水東岸。

吳軍順利抵達漢水東岸，完成了千里奔襲的任務。對下一步如何破楚

軍、入郢都，孫武與吳王闔閭、伍子胥等進行了認真策劃，即所謂的「廟算」。

最後，君臣達成統一意見，制定了詳細的破楚方案。具體方案是，先誘使楚軍主力東渡漢水，然後吳軍進行戰略退卻，誘惑楚軍到柏舉地區，進行全殲敵軍主力的行動。也就是說，柏舉將是這次攻楚的最主要陣地，如果能夠成功，下一步攻破楚國國都郢，擒獲楚昭王就輕而易舉了。

獲悉吳軍主力突然出現在漢水以東，楚昭王大驚失色，馬上召集大臣舉行緊急軍事會議，商議選將禦敵。

當時有的主張任命公子結為將，有的認為令尹子常合適，雙方爭論不休，沒料到，這一絕密軍情被吳國的間諜獲知，吳軍大營立即作出反應。

伍子胥在楚多年，深知這兩個人的軍事指揮能力，於是放出風聲說：「如果讓公子結為將，我們就等著取他的人頭，讓令尹子常率兵，我們只好退避三舍。」

楚國得知後，果然中計，拜貪婪無能的令尹子常為將，而不用有勇有謀的公子結。子常統轄沈尹戌、部將史皇、武城黑等戰將，指揮 20 萬大軍，星夜趕赴前線。楚軍剛剛在漢水南岸駐紮下來，哨探即來報告說，吳軍已經在漢水以北駐紮。

孫武見楚軍已經作了應戰部署，不敢貿然渡水強攻，便略施小計，調動楚軍。他特地賣個破綻，下令全軍在豫章地區安營紮寨，休整待命。

楚將令尹子常原來斷定，吳軍是千里來襲，物資供應方面一定是十分困難，最利速戰速決，最忌是持久戀戰，卻沒料到，吳軍卻按兵不動，跟自己隔河相峙。

子常一時摸不清吳軍的作戰意圖，不知吳軍葫蘆裡賣的什麼藥，只得命令部隊暫時紮營，處處設防，嚴加戒備。

正在子常猶豫不決的時候，楚國左司馬沈尹戌前來獻策說：「兵法上講，進行千里遠征，糧草一定缺乏，士兵一定吃不飽飯。現在吳國進行遠征，本來應該速戰速決，現在孫武按兵不動，正是犯了兵家的大忌啊！」

楚軍統帥令尹子常說：「是啊！我也一直在迷惑呢！不知道吳軍為什麼採取這樣的策略。難道孫武腦子有問題了嗎？所以我才會按兵不動的。」

沈尹戌說：「孫武的這一失策，乃是上天保佑我們大楚國啊！將軍你在這裡暫時拖住吳軍，讓他們不敢冒險渡河。末將願意率領本部兵馬，繞到吳軍的大後方，徵調方城以外的民眾，燒燬他們的戰船，然後我率領人馬扼守大隧、直轅、冥厄這三道關口。等吳軍疲憊不堪的時候，將軍再迎頭痛擊，末將再從後面進行掩襲，讓吳軍首尾不能相顧。這樣，吳軍進退兩難，插翅難飛，我軍一定會大獲全勝。」

兩個人商量好以後，左司馬沈尹戌立刻分兵行動。其實，孫武這是故意在顯露自己的失誤，他的主要目的就是為了引誘楚軍中計，促使楚方分散兵力，造成軍力對比上有利於己的變化，然後再趁機發起進攻。

孫武向來十分重視軍事間諜活動。這次楚軍的軍事行動很快被孫武派出的間諜人員獲知，並迅速回報給了孫武。孫武與闔閭、伍子胥等分析了問題的嚴重性。

如果楚軍「迂迴包抄、前後夾擊」的圖謀得逞，吳軍的處境將十分危險。孫武與吳王闔閭、伍子胥最後商定，設法誘使敵人驕傲自大，引誘楚國主力出戰。

這時，孫武下達命令，讓一些士兵假裝逃跑，製造吳軍軍糧不給的假象，同時派一些間諜，到楚軍中散佈吳軍軍心渙散的謠言。

楚軍方面，在左司馬沈尹戌領兵走後，楚軍將領武城黑就立即拜見了

全面向楚國進軍

楚軍統帥令尹子常，他說：「吳軍戰車純用木料做成，久經風雨。我軍戰車外面包著皮革，用膠固定，一遇到陰雨天，膠化筋脫容易損壞。相持不下，對我軍不利，不如速戰。」

武城黑剛走，令尹子常的部將史皇又悄悄來到帳中，他對子常說：「楚國人喜歡您的少，喜歡司馬的多，要是司馬領兵燒燬了吳軍的戰船，堵塞了漢東的道路，那打敗吳軍的第一功，可又是他的了。」

說著，史皇看了一眼子常，感覺自己的話奏效了，就繼續說：「令尹官高名重，卻屢次失利，現在又把頭功讓給司馬，將來怎麼立於百官之上？說不定司馬還會代替您執政呢！不如按照武城黑將軍的計策，渡江作戰決一勝負。」

令尹子常聽了二位部將的話，覺得有道理，正好這時有楚軍的探子來報告說，吳軍士兵忍受不住飢餓，正在紛紛逃跑。子常聽說了這種情況，非常高興，於是不顧與左司馬沈尹戍的約定，倚仗自己兵多勢眾，下令立即強渡漢水，在大小別山一帶，連營數十里，擺出一副大戰的架勢。

哪知一著不慎，全盤皆輸。楚軍的錯誤行動，正是孫武夢寐以求的，吳軍早就秣馬厲兵，準備廝殺。

所以孫武等楚軍渡河剛到一半，立足未穩的時候，就先聲奪人，擊鼓進兵。吳方前有大軍堵截，後有包抄的軍隊，正是陷於死地而後生，所以個個奮勇衝殺，無不以一當十。

楚軍大隊人馬剛剛渡過了一半，所以被河水分成了兩截，前方一亂，紛紛潰退，中間的楚軍還正在全力渡河，不知道怎麼回事，前方的人又回來了，所以在河水裡擠成了一團，淹死踩死了無數。

楚國部將史皇一看軍隊在向後退，就大吼一聲說：「誰再向後撤，就地處決。」說著，他一連斬殺了幾個後退的士兵。

其他楚軍看到這種情況，只好繼續前進。河裡的楚軍看到後面的楚軍越來越多，無法後退，只好拚死前進。這時吳軍那邊卻好像鬆動了，他們放棄了營寨，紛紛後退。就這樣，楚軍紛紛渡過漢水，登上了岸，終於在小別山列成陣勢。

這時楚將史皇出兵挑戰，孫武命先鋒夫概迎敵。夫概挑了 300 名勇士，手裡都拿著硬木頭做的大棒子，一見楚兵，就沒頭沒腦一陣猛掄。

楚兵從來沒見過這樣的陣勢，措手不及，被吳兵一通亂打，史皇大敗而回。子常說：「你口口聲聲叫我渡江，好不容易渡了過來，現在才交戰就讓人家打成這樣，你還有臉來見我？」

史皇說：「作戰不能斬殺敵將，進攻不能擒獲敵王，算不上兵家大勝，現在吳王把營寨紮在大別山下，不如今夜出其不意，前去劫營，一定能立大功。」子常又同意了。於是挑選了一萬精兵，悄悄從小路趕到大別山後。

卻說孫武聽說夫概旗開得勝，眾將都來祝賀，就對他們說：「子常見識淺薄，貪功僥倖，如今史皇小有挫折，沒受多大損失，今夜必來偷襲大營，諸位不能不防備。」

於是孫武命令吳軍先鋒夫概和專毅各自帶領本部人馬，埋伏在大別山的左右，聽到號角一響，立刻出擊。

唐侯和蔡侯分兩路進行接應，伍子胥領兵 5,000 人，抄出小別山，反劫子常的營寨，大將伯嚭帶兵接應。

還有公子山保護吳王轉移到漢陰山，以避免衝突，命令大寨虛設旌旗，只留幾百名老弱殘兵守衛。

到了半夜，子常果然帶兵悄悄從山後殺出，見大寨裡寂靜無聲，一點兒防備也沒有，就命令士兵呼喊著殺入營寨。到裡邊一看，原來是座空

營，子常心說不好，趕忙又帶著兵往外殺。

忽聽號角齊鳴，專毅、夫概兩隊人馬突然衝出來左右夾攻，子常一邊迎戰一邊往回跑，1萬大軍，折了多半。

剛剛擺脫了專毅、夫概，子常又聽見一陣炮響，左有唐侯，右有蔡侯，兩下裡截住，唐侯大叫：「還我寶馬，免你一死！」蔡侯大叫：「還我裘佩，饒你一命！」

子常又羞又惱，又急又怕。正在這時，只見武城黑領兵來到，大殺一陣，救出了子常。

又跑了有幾里路，一夥守寨的士兵前來報告：「營寨已被伍子胥攻破，史將軍大敗而逃，不知去向。」

子常嚇得心驚膽顫，領著敗兵連夜跑到大別山西麓的柏舉，即今湖北麻城以東地區，看看再也沒有吳國的兵馬，才敢住腳。過了老半天，史皇才領著殘兵趕來，剩下的士兵漸漸聚集，於是又立了一座營寨。

子常說：「孫武用兵，果然靈活多變！不如棄寨撤軍，請大王增派援兵後再戰。」

史皇說：「令尹親率大兵抵抗吳軍，倘若棄寨而歸，吳兵一旦渡過漢水，長驅直入郢都，您怎麼逃避罪責？不如全力一戰，就是死在陣上，也給後代留個好名聲！」

子常正在猶豫不決，忽聽有人報告：「大王又派一隊人馬前來接應。」子常出寨迎接，原來是楚國大將薳射。

薳射說：「主公聽說吳兵來勢兇猛，擔心您不能取勝，特派末將領兵一萬，聽候調遣。」接著問起兩軍交戰的情況。

子常從頭到尾講了一遍，臉都紅了。薳射說：「要是聽了沈司馬的話，何至於如此。依我看，現在只有挖掘深溝，修築工事，就地固守，千萬不能再主動和吳軍交戰了，等司馬來了以後，再合兵出擊。」

子常說 ：「我因為兵力不足又去劫寨，才被吳兵反咬了一口。要是兵力相當兩軍對陣，我就不信楚軍打不過吳軍！如今將軍剛到，乘著這股銳氣，應該和敵人決一死戰！」

　　薳射不願意，於是和子常各自為營，名義上說是成犄角之勢，實際上離著有好幾公里。子常自恃爵高位尊，沒把薳射看在眼裡，薳射欺負子常作戰無能，也不聽他指揮，兩邊各幹各的，不肯一起商議戰事。

在柏舉進行大決戰

楚軍駐紮的柏舉地區，正是孫武他們給楚軍設計好的地方，孫武就是希望利用這個地方對楚軍進行一次圍殲。

這時吳軍已經集結好人馬，準備在柏舉與楚軍決一死戰。

闔閭的弟弟先鋒夫概見楚軍已經進入吳軍事先準備好的作戰地區，並且探聽到楚將不和，便建議立即攻擊楚軍。

夫概向吳王請戰說：「楚將子常不得人心，他的部下根本就沒有鬥志。蒍射雖來援救，但是不聽調遣。如果我軍先聲奪人，發起進攻。楚軍必然大亂，然後我軍再大舉進攻，一定可以取勝。」

但闔閭、孫武出於「有戰必勝」的謹慎考慮，想等待最佳的進攻時機。

夫概回到自己的營帳，對部下說：「君王既然任命我作先鋒，我就有權調動本部軍士。軍事上應該以利為上，我趨利而動，隨機應變，見機行事，將在外君令有所不受！」

於是，夫概親自率領自己的 5,000 軍隊，乘楚軍尚未開飯的時候，發起突然襲擊。

楚軍正準備吃飯，根本沒有想到吳軍敢主動進攻，見吳軍突然殺來措手不及，被殺得不辨東西。

夫概衝進楚軍大營，子常一點兒防備也沒有，營裡邊頓時大亂。

武城黑拚命擋住吳兵，子常來不及坐車，跌跌撞撞逃出後寨，左肩膀上已經中了一箭。

正碰上史皇率本部兵馬趕到，趕緊請子常上車，然後對子常說：「令尹您自己掂量著辦吧！小將應該戰死在這裡！」

孫武見夫概突擊得手，一方面害怕他有什麼閃失，另一方面也看到是個進攻的好機會，所以他當即指揮大軍掩殺過去。

　　吳軍以排山倒海之勢，吶喊著衝進楚營。鼓聲震天，人喊馬嘶，車數交錯，刀光劍影，血肉橫飛，兩軍在柏舉展開了一場轟轟烈烈的肉搏戰。

　　吳軍攻勢兇猛，楚軍抵敵不住，紛紛奔逃。子常見敗局已定，就脫下官袍鎧甲，駕著車急速逃走，可是又不敢回郢都，只好一直奔鄭國逃難去了。

　　楚軍失去主帥，成為一盤散沙，結果一敗塗地，這時伍子胥也領兵趕到。

　　楚軍部將史皇唯恐伍子胥追趕子常，就提著畫戟領著本部人馬殺入吳軍，左衝右突，殺死吳軍兵將 200 餘人，楚軍傷亡也不在此數以下，史皇身中數箭，倒地而死。

　　楚將武城黑迎戰夫概毫不退卻，也被夫概斬於馬下。

　　薳射的兒子薳延，聽說前營被攻破，急忙報告自己的父親，要帶兵前去援救，薳射不答應，親自站在營寨前彈壓，傳令說：「誰敢亂動就斬了誰！」

　　子常的敗兵都歸了薳射，清點一下還有 1 萬多人。薳射說：「吳軍乘勝追殺，擋也擋不住了。趁他們還沒攻到，不如先退回郢都，再作打算。」於是命令大軍拔寨返回，薳延先行，薳射親自斷後。

　　吳軍乘勝追擊，在柏舉西南的清發水，即今湖北安陸西的損水地區，追上了楚軍。這時大敗而逃的楚軍，正在搶舟奪船，爭相渡河逃命。

　　吳王正要下令發起攻擊，孫武說：「困獸猶鬥，何況是人呢！楚軍見我急攻，知道只有死路一條。必然死裡求生，與我拚死一戰，我軍未必能勝。」

吳王說：「那該怎麼辦呢！難道說就這樣放走他們嗎？」

孫武笑笑說：「那當然不是，不過如果我們能給那些先渡河的楚軍一條生路，沒有渡河的楚軍便士氣低落，只顧逃命。我軍乘其半渡的時候發起攻擊，誰還肯拚死作戰？這一仗算是贏定了！一定會大勝。」

吳王聽從了孫武的建議，後退 10 公里安營下寨。

再說薳射聽說吳兵追來了，正要列陣迎敵，又聽說吳軍撤退了 10 公里，喜滋滋地說：「我早就知道吳國人膽小，不敢窮追。」

於是薳射下令全軍一早吃飽過江。誰知道，剛剛渡過去十分之三，孫武率領吳國的兵馬就殺過來了，楚軍紛紛爭奪渡船，一時大亂。

薳射制止不住，只好跳上船就跑。沒渡過去的士兵，也都跟著主帥亂竄。吳軍從後面掩殺過來，得了無數的旗鼓戈甲。

這樣，吳軍在清發水又大敗楚軍。楚軍死傷很多，溺水者更是不計其數，幾乎把河水都堵塞了。

孫武讓唐、蔡二侯，各自領著本國兵將，奪取渡江的船隻，沿江一路接應。

薳射逃到雍澨，兵將們一個個又累又餓，再也跑不動了。好在追兵離得遠了，這才停下埋鍋造飯。

可是飯剛熟，吳兵又來了，兵將們來不及把飯吃下去，趕緊又跑，留下現成的熱飯熱菜，反便宜了吳兵。

孫武指揮吳軍渡過清發水，繼續追擊楚軍殘兵敗將，抵達雍澨。

雍澨緊貼漢水，過漢水距離楚都郢城只有 20 餘公里，這對於千里挺進、遠征他國的吳國將士來說，勝利已是近在咫尺。

吳兵吃飽喝足，又盡力追趕。楚兵自相踐踏，死傷的越來越多。薳射的戰車一下子被石頭絆倒，被夫概一戟刺穿咽喉，當即身亡。

這時，楚軍前有波濤洶湧的漢水，後有吳國大軍的威脅，楚軍飢腸轆轆，疲憊不堪，眼看就要全軍覆沒，成為吳軍的俘虜。

蔿延也被吳兵團團圍住，衝殺半天也突不出去。忽聽東北角喊聲大振，蔿延說：「吳軍又來援兵，我這條命算完了！」

正在這千鈞一髮之際左司馬沈尹戍領兵趕到，見楚軍敗得如此悽慘，便不顧長途跋涉的疲勞，把1萬人馬分成三路衝了過去。

夫概忽然看見三路楚軍一齊殺到，也不知道敵軍到底有多少人馬，就把包圍蔿延的兵馬撤走了。

沈尹戍大殺一陣，吳兵死了有1000多，奮力擊退了吳軍的先頭部隊，救出了大批人馬和車輛，吳軍大敗。

沈尹戍正要追殺，這時吳王的大軍趕到，沈尹戍不敢輕易進攻，所以兩下裡各紮營對峙。

原來，去方城調集援軍的沈尹戍，在按照事先設定好的作戰策略，包抄吳軍的過程中，得知主帥子常冒失渡漢水，誤入吳軍圈套，柏舉之戰遭到慘敗，現在正向柏舉西南方向潰逃。

沈尹戍不敢怠慢，立刻改道從息地向郢都方向回救，一路上馬不停蹄，連夜趕路，正好趕到雍澨地區，遇到了追擊的吳軍。

沈尹戍殺退吳軍的先頭部隊後，又趕忙收集主將子常的殘部，準備迎戰吳軍主力。

沈尹戍對自己的家臣說：「令尹急功近利，使我的計策不能實現，真是天意啊！現在敵人已深入楚地，明天我就和他們決一死戰。要是僥倖取勝，吳兵到不了郢都，那是楚國的福氣。萬一打敗了，我把腦袋託付給你，千萬別讓吳兵搶了去。」

又對蔿延說：「你父親已經為國盡忠，你不能再死了，應該馬上回

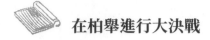

去,傳話給子西,請他趕快想辦法保衛郢都。」

薳延一下子跪倒在沈尹戌面前說:「願司馬驅除吳兵,早建大功!」說完垂淚而別。

此時,吳、楚兩國軍隊都面臨著事關成敗存亡的一戰。

對吳軍來說,興師千里,深入楚地,後方糧草補給緊張,而且處在一個三面環水的地方,對面又有沈尹戌帶領的楚國軍隊,可以說已是陷入「死地」。

對於楚軍來講,柏舉一戰元氣大傷,吳軍這時已經是逼近楚國郢都城下,如果此戰失利,必將國破家亡。

面對如此險惡的局面,孫武作了戰前總動員。他重申了死地作戰的原則,告訴吳軍將士已陷入死地,只有奮勇向前,拚死作戰,才有求生的希望。

孫武一再向吳軍強調,如果此戰勝利,便可攻入楚都,此戰如果失敗,就根本沒有生還的可能性。

在這樣的情況下,吳軍將士上下一心,在戰場奮勇爭先,愈戰愈勇。吳、楚兩國軍隊拉鋸般地在雍澨連打了三場惡仗。

楚軍終因軍心渙散,士無鬥志,人困馬乏,又被吳軍打敗。

左司馬沈尹戌拚死衝出重圍,身上中了好幾箭,直挺挺地躺在戰車裡不能動彈,於是大聲呼喚自己的家臣說:「我已經沒有用了!你快來把我的首級拿走,去見楚王!」

沈尹戌的家臣怎麼也不忍心下手,沈尹戌使出全力大叫了一聲,挺劍自殺身亡。

然後他的家臣含淚用寶劍割下了沈尹戌的人頭,脫下衣服裹好了抱在懷裡,又挖了個土坑掩埋了沈尹戌的屍體,就朝著郢都的方向一直跑去。

至此，楚軍全線崩潰，兵敗如山倒，潰兵如潮水一般湧向湖北江陵北的郢都。漢水天塹失守，郢都也沒有了可以倚靠的天險，已經完全暴露在吳軍面前。

全力攻破郢都城

孫武指揮吳軍不給楚軍一點休息的機會，迅速搶渡漢水，直搗郢都。郢都的左右各有一個屬城，即麥城和紀南城，三城互為犄角。

吳王闔閭召集眾將，商議攻打郢都的日期。

孫武說：「楚軍雖然屢戰屢敗，但郢都正是全盛的時期，而且三座城池互為聯絡，很不容易攻破。往西是魯洑江，是進攻郢都的近路，一定有重兵把守。」

吳王問：「那該從那個方向開始進攻呢？」

孫武說：「必須從北面進攻，把軍隊分成三部分：一部分攻麥城，一部分攻紀南城，大王率領大軍直搗郢都，給他來個迅雷不及掩耳，顧此失彼，麥城、紀南城被攻破，郢都也就守不住了。」

伍子胥說：「孫先生的這條計策妙極了！」

闔閭就派伍子胥和公子山領兵 1 萬，蔡侯帶著本國兵馬協助他們，去攻打麥城；派孫武和夫概領兵 1 萬，唐侯帶著本國的兵馬協助他們，去攻打紀南城；闔閭和伯嚭等，領著大軍攻打郢都。

孫武率兵攻打紀南城，他首先引兵過了虎牙山，然後又轉入當陽長坂坡。

這時孫武望見漳河水滔滔而過，水勢洶湧。紀南城地勢低下，距離紀南城不遠的郢都地勢也非常低下。

孫武看在眼裡，記在心裡，命令吳兵在高處駐紮，然後準備各種挖掘工具，限令士兵在一夜之間，掘開一道深壕，直逼紀南城。

到天明時分，吳軍的深壕已經掘好，這時孫武下令鑿開漳江河堤，江水進入壕溝，一瀉千里，瀉到紀南城中。

守城將領還以為江水暴漲，急忙命令城中的百姓向郢都逃命。不料江水浩大，連郢都城下都是一片汪洋。

孫武命人在山上砍竹造筏，吳軍乘筏，以勢如破竹之勢殺到郢都城下。

郢都人看到吳軍的攻勢，一個個都是惶恐不安，十分恐懼，各自逃生。

吳國大軍順勢包圍了楚都郢城。楚昭王一面派兵構築工事，準備依城抵抗，一面做好了出逃準備。

吳王闔閭九年（西元前 506 年）十一月二十八日，吳國軍隊向郢城發起了總攻。此時楚國軍心消沈，民心動盪，完全喪失了鬥志，郢城很快便被吳軍攻陷。

楚昭王知道郢都已經難以把守，只好帶著愛妹、侍臣，乘舟從西門逃走，向西北隨國的古雲夢澤方向狼狽逃去。

孫武派人堵住漳江決口，又使人掘開水壩，放水歸江，重兵把守郢都四郊，這時伍子胥已經攻下麥城的捷報也從遠方傳來。

十一月二十九日，吳王闔閭率領孫武、伍子胥、伯嚭、夫概等吳國大軍，進入郢都。

當吳國大軍進入郢都，吳國君臣沈浸在破楚入郢的喜悅中不能自拔時，孫武卻一直保持著清醒的頭腦。

孫武看到，吳國憑三萬精兵雖然可以千里襲郢，獲得破楚勝利，但是吳國沒有鞏固的後方，楚國舊勢力隨時可能捲土重來，南方的鄰國越國也會趁機攻打吳國。

但是，此時被勝利沖昏頭腦的闔閭，卻聽不進孫武的忠言，未予理睬。

當天晚上，闔閭就住在楚王的宮裡，手下有人說：「楚昭王的妻子非常漂亮，可以請來服侍您。」

孫武勸諫說：「已經攻占了人家的國都，又欺侮人家的妻女，這是不義的表現，會遭到百姓非議的。再說昭王的妻子是貞烈的婦人，一定不會前來的，與其這樣，還不如善待她，贏得百姓的稱讚。」

可是這時候的闔閭已經被勝利沖昏了頭腦，根本就聽不進去任何勸告，就派人去叫，誰知昭王的妻子說什麼也不來。

闔閭火了，命令手下：「把她捉過來見我。」

楚昭王的妻子關上門，用寶劍敲著窗戶說：「我聽人說，諸侯是一個國家道德的表率。按禮法規定，男女居不同席，食不同器。現在大王丟棄了堂皇的儀表，以淫亂聞名於百姓，我寧願死在劍下，也不能從命。」

闔閭聽了十分慚愧，趕緊道歉說：「我一直對夫人心存敬慕，只想和您見上一面，哪兒敢亂來呢？夫人休息吧！」於是派原來的宮女為她把門，命令任何人都不許隨便進去。

伍子胥沒找著昭王出氣，就慫恿伯嚭等人分別到楚國大臣們的家裡抄家。

唐侯、蔡侯和公子山一起去抄楚國令尹子常的家，結果唐侯和蔡侯把送給子常的寶物都找了回來，然後又都轉送給吳王。

伍子胥進宮去見吳王，要求把楚王的宗廟全部拆毀，孫武勸阻說：「軍隊為了正義而戰，才稱得上師出有名。楚平王廢太子，任用奸臣，殘害忠良，對外又粗暴地對待諸侯，咱們吳兵因此才能來到這裡。」

吳王說：「那又怎樣呢！我們現在不是已經攻下了楚國都城了嗎？楚國現在已經是我們的了，我們想怎麼樣就怎麼樣。」

孫武看了一眼吳王，還是忍不住繼續說：「現在郢都已被攻破，應該把太子建的兒子公子勝立為國君，代替昭王。楚國百姓因為憐惜太子建的

無辜，一定不會鬧事，而且還會感激吳國的恩德，世代向吳國朝貢。大王雖然放棄了楚國，卻和得到了楚國一樣。這樣，名譽、實惠就全有了！」

闔閭一心要滅掉楚國，沒聽孫武的勸告，就下令燒燬了楚王的宗廟。蔡侯、唐侯也各自辭別回本國去了。

第二天，闔閭又在章華臺上大宴群臣，有樂師奏曲，大家都喝得挺高興，只有伍子胥忽然痛哭起來。闔閭說：「你向楚王報仇的志願已經實現，又怎麼悲傷起來？」

伍子胥流著眼淚回答說：「平王已經死了，昭王又逃跑了，我的深仇大恨，還沒報萬分之 呢！」

闔閭說：「你想怎麼樣呢？」

伍子胥回答說：「請求大王允許我挖開平王的墳墓，打開他的棺材，砍下他的腦袋，才能化解我心中的仇恨。」

闔閭說：「你對我的幫助太多了，我怎麼能喜歡那堆爛骨頭，而不滿足你的願望呢？」

伍子胥掘開平王的墳墓，然後劈開棺木，拽出屍體，舉起九節銅鞭，照著平王的身上就是 300 下，直打得平王的屍體肉爛骨折。

吳楚之戰是春秋以來規模最大的戰爭之一。

在這場吳楚大戰中，孫武指揮吳國大軍，在大小別山地區初戰得勢，在柏舉取得了徹底的勝利，在清發水大敗楚軍殘部，在雍澨消滅了左司馬沈尹戌的回援部隊。

以 3 萬精兵，擊敗楚軍 20 萬大軍，五戰全勝，直搗郢都，成為中國乃至世界戰爭史上以少勝多的著名戰例。

從楚國安全撤軍

再說楚昭王拚命逃跑，好不容易擺脫了吳軍的追趕，保住了自己的性命，然後他派楚將申包胥急速到秦國搬兵求救。

申包胥在秦國痛哭了三天三夜，眼中都哭出了血，才最終感動了秦王，派出秦國兵馬幫助楚昭王復國。

秦軍和楚軍在襄陽會師後，楚兵先走，秦軍在後面跟著。到了沂水，碰上了吳國夫概的軍隊。秦國作為生力軍的加入，大大激勵了楚軍的戰鬥熱情，楚軍與吳軍一見面就開始了混戰。夫概有些迷惑，不知道這些楚軍為什麼忽然變得勇敢了起來。

這時，秦軍突然從後面殺出來，夫概一眼望見旗幟上有個挺大的「秦」字，當時嚇了一跳，說：「西邊的秦軍怎麼到這兒來了？」急忙收兵，可已經損失了一半多。

夫概跑回郢都，見到吳王後，說秦兵攻勢銳利，不可抵擋，吳王心裡也有點兒害怕。

孫武建議說：「軍隊好比是兵器，可以暫時使用卻不能長久使用。而且楚國的地盤很大，老百姓未必願意服從吳國，我以前請您立羋勝為楚王，以安撫楚國百姓，正是擔心出現今天這樣的局面。」

「那先生認為應該怎麼辦呢？」吳王問。

「事到如今，不如派使臣去和秦國講和，答應讓昭王回來，同時要求楚國把邊鄙的一部分國土，割讓給吳國，這樣您也不算吃虧。」孫武說。

「那我們就不能在這裡固守嗎？」吳王問。

「如果總是貪戀著楚宮，和敵軍長期相持，楚國人就會因憤怒而抵抗得更加厲害，再加上像虎狼一樣強橫的秦軍，我可不能保證咱們不出一點

兒意外。」孫武回答說。

伍子胥明白楚昭王肯定是抓不到了，也同意孫武的看法。闔閭正想聽從他們的意見，伯嚭說：「我軍自從離開吳國，一路勢如破竹，五戰得郢，就把楚國給平了。現在一遇秦軍，就要撤退，為什麼這樣前勇而後怯？請您給我1萬精兵，一定讓秦軍片甲不回。要是勝不了，甘願受罰！」

闔閭就同意他出去迎戰。孫武和伍子胥極力勸阻，伯嚭不聽。吳兵出城後，在軍祥和敵軍相遇，就擺好陣勢準備交戰。

伯嚭見楚軍陣容不整，便叫士兵敲起戰鼓，帶領人馬衝了過去。結果楚軍沒戰幾個回合，就敗退了下去，伯嚭大喜，認為楚軍不堪一擊，一直緊追不捨。

可是沒追出1公里路，山路兩邊楚國伏兵，一齊殺了出來，秦將領著生力軍，從中間直衝過來。三路兵馬把吳軍截成三段，伯嚭左衝右突，怎麼也跑不出去。這時伍子胥帶兵趕到，大殺一陣，救出伯嚭。一萬人馬，沒剩下兩千。

伯嚭把自己綁了，來見吳王請罪。孫武對伍子胥說：「伯嚭的為人，恃功自傲，早晚是吳國的禍害，不如乘他兵敗，按軍令把他斬了。」

伍子胥說：「他雖然這次差點兒全軍覆沒，可是以前的功勞不小，何況敵人就在眼前，不能斬殺大將。」於是就請求吳王赦免了伯嚭。

這時秦軍直逼郢都，闔閭就命令夫概和公子山守城，自己率領大軍駐紮在紀南城，伍子胥、伯嚭分別駐守磨城、驢城，形成犄角之勢，與秦兵對峙。又派人到唐國、蔡國去借兵。

卻說夫概自恃立過破楚的頭功，這回在沂水栽了跟頭，闔閭改派他協守郢都，總覺得心裡堵得慌。

從楚國安全撤軍

等到聽說闔閭和秦兵相持不下，夫概忽然心裡一動，想道：「按吳國的規矩，哥哥死了弟弟繼位。照這樣，闔閭死了，我就可以當吳王。可如今闔閭已經立自己的兒子波當太子，我沒指望了！不如乘大兵出征，國內空虛，偷偷帶兵回國，奪位稱王，不比將來再爭王位強？」

於是夫概帶領本部兵馬，偷偷出了郢都的東門，渡過漢水回到吳國。假裝說：「吳王被秦兵打敗，不知去向，我應該以他弟弟的名義，繼承王位。」

於是夫概自稱吳王，派自己的兒子扶臧帶領人馬駐守淮河，堵住闔閭的歸路。太子波和專毅聽說夫概叛變回國，領兵抵抗，不讓夫概進城。夫概就派使者到越國借兵，想夾攻吳國，答應事成之後，割 5 座城給越國作謝禮，這正中越王下懷，其實就是夫概不來借兵，他也正準備進攻吳國呢！

西元前 505 年，吳王闔閭率領大軍攻入楚都郢城的第二年，一直對吳國虎視眈眈的越國，果然趁吳國大軍在外、國內空虛的機會，起兵伐吳，對吳國進行報復。

越國軍隊在越王允常的指揮下，採取偷襲方式，越過吳軍防線，直逼吳都。

再說闔閭正在郢都召集眾將商議戰事，公子山忽然來報告說：「不知什麼緣故，夫概領著本部兵馬私自回吳國了。」

孫武說：「夫概這一走，必反無疑。」

闔閭說：「那該怎麼辦呢？」

孫武說：「夫概是一勇之夫，不足為慮。要擔心的，倒是越國人可能聞風而動。大王應該馬上退兵，先平內亂。」

闔閭於是留孫武、伍子胥退守郢都，自己和伯嚭率領船隊順流而下。

沒走多遠，就得到太子波的告急信，說：「夫概造反稱王，又勾結越兵犯境，吳都危在旦夕。」

闔閭大吃一驚說：「果然不出孫先生所料。」當即一面派人去郢都，叫孫武、伍子胥帶兵支援，一面連夜往回趕。沿江傳令給夫概的兵將：「離開夫概回來的，恢復本來的職務，回來晚的，殺！」岸上的兵將，紛紛倒戈歸隊。

夫概見兵將跑了不少，就想強迫老百姓當兵。百姓們聽說吳王還在，都躲藏起來。夫概只好孤軍迎戰。闔閭問：「我和你是親兄弟，你為什麼背叛我？」

夫概回答說：「你殺王僚難道就不是背叛？」闔閭氣得直跺腳，叫伯嚭：「為我捉住這個叛賊！」沒戰幾合，闔閭就指揮著大軍衝殺過去。

夫概雖然勇武，怎奈寡不敵眾，大敗而逃。扶臧在江上準備了船隻，把夫概渡過長江，向北投奔宋國去了。闔閭安撫了百姓，回到吳都，太子波迎接進城，然後商量抵禦越軍的辦法。

卻說孫武得到吳王退兵的命令，正和伍子胥商議如何退兵，忽然聽到報告：「楚軍中有人送信來了。」

伍子胥打開書信一看，原來是楚將申包胥寫來的。信上說：你想為你的父兄報仇，實現了滅亡楚國的願望。可是我也有個願望，就是恢復楚國。如果吳軍還不撤出楚國，我願意帶領秦軍奉陪到底。

伍子胥一邊把信拿給孫武看，一邊說：「咱們幾萬吳兵，長驅入楚，燒了它的宗廟，毀了它的社稷，鞭打了平王的屍體，住在他們君臣的家裡享受，自古以來，當臣子的向君王報仇，還沒有像咱們這樣痛快過。」

孫武笑笑說：「是啊！你的目的其實已經達到了。」

伍子胥接著說：「況且秦兵雖然打敗了一部分吳兵，但我軍並沒受到

很大的損失。《兵法》說：見可而進，知難則退。幸好楚軍還不知道咱們國內危機，依我看，是咱們退兵的時候了。」

孫武說：「就這樣無條件地退兵，恐怕楚軍會笑話咱們，你何不提出要求，讓他們把吳楚邊境的一座大城送給吳國，這樣說起來也好聽啊！」

伍子胥說：「對！」於是就給申包胥寫了封回信說：如果楚國能夠把邊境的一座大城作為進獻給吳王的禮物，吳國即刻就撤軍回國。

楚將申包胥看了伍子胥的回信，當即以昭王的名義表示同意，許諾送給吳國一座大城。

見到楚國已經派出使者，遞交了正式約定，孫武和伍子胥也就滿載著從楚國得到的金珠美玉，班師回國。又把楚國境內的上萬戶人家遷到吳國，充實吳國人煙稀少的地方。

越國的子爵允常聽說孫武等已回到吳國，知道孫武善於用兵，自己不是他的對手，也把兵撤了回去，說：「越國和吳國勢均力敵，不相上下。」於是也自封為越王。

急流勇退，離開政壇

回到吳都的闔閭大會群臣，準備對戰爭中的有功之臣進行獎勵。論破楚之功，首推孫武，並要加官晉爵，光耀門第。然而孫武卻堅辭不就，並且提出了辭官還鄉的請求。

孫武說：「臣本來就是一介平庸之士，承蒙大王的厚愛，一定要臣出仕，在無法推辭的情況下，只好勉強從命。十幾年來，臣竭盡綿薄為大王效力，如今大王的霸業已成，聲名顯赫。各國諸侯，無不懾服，這都是大王您無與倫比的威德才形成的啊！臣也因此感到非常榮耀。」

說到這裡，孫武看了一眼闔閭，可以感覺出他面有得意的神色。孫武繼續說：「無奈臣現在體弱多病，年事已高，處理政事，感覺力不從心，為此日夜焦慮，誠惶誠恐，懇求大王准臣辭官還鄉，以終老天年。」

闔閭本來還以為孫武要繼續對自己進行誇讚呢！誰知道竟然提出了辭官的請求，這大出他的意料之外，同時也讓在場的所有人都很驚訝，只有伍子胥比較理解孫武的內心想法，反應倒是比較平淡。

吳王闔閭說：「孫將軍一直是孤王的左膀右臂，為我們吳國立下了汗馬功勞，現在正是我們國家昌盛的時候，正需要將軍這樣的人才，幫助我們國家南征北戰，成就更大的霸業，將軍怎麼能離去呢？」

吳王緊緊地盯著孫武，希望自己的勸說能夠奏效，但見孫武沒有留下的意思，就繼續說：「我希望將軍能夠留下來，擔任吳國的相國之位。將軍要是執意辭官，寡人將十分痛心。將軍先不要著急，還是先考慮一下再說吧！你也給寡人 3 天的考慮時間。」

孫武也不好再說什麼，只好答應 3 日後再說。論功封官的事情也只好暫停。孫武一回府，吳王馬上派伍子胥親往孫府，勸他打消這個念頭。

孫武不改初衷地說：「您不知道，當初出仕並非我的本意，完全是大王恩寵和您的友情所致。彈指一揮間已經做了 10 多年官，有這麼長的時間讓我有研究、實習兵法的機會，我已經很滿足了。這是我的興趣所在，功勞是不敢當的。如今，我的健康和能力已經一天不如一天，我懇託您，替我在大王面前說明原委，完成我的夙願，我將感激不盡。」

伍子胥說：「兄弟的想法，我非常能夠理解。也很想讓您得償所願，但是看大王的意思，您不一定能夠走得了，不過暫時在你的府邸頤養天年還是應該可以的，我可以儘量和大王談談，你以後就可以不用上朝了，到需要你的時候，再派人來請您，兄弟看怎麼樣呢？」

孫武沈思了一會兒說：「好吧！看來這可能是現在最好的結果，還請兄弟好好和大王說說。」

伍子胥只得回去如實向闔閭匯報，闔閭也不好再勉強，同意了孫武的請求，不過闔閭同時提出，孫武平時不用上朝，也不用跟隨打仗，但是在需要的時候，國君可以隨時找孫武問計。

孫武答應了吳王闔閭的要求，開始在吳國都城自己的府邸中養老。吳王闔閭重新召開慶功大會，並且拜伍子胥為相國，伯嚭為太宰，一同執掌國政。把闔門改名叫破楚門。又在南部邊界上壘起石牆，留個門叫士兵把守，以防禦越國的進攻，稱為石門關。

越國的大夫范蠡也在浙江口上修築城池，以抗拒吳國，稱為固陵，意思是說這座城可以固守。

孫武終於如願以償，開始了居家的日子，他對於兵法的研究漸漸地淡下來了，大部分時間用來教育自己的孩子，看書和處理家務。

當年出仕的時候，孫武只有幾根白髮，為官十幾年，雖然也只有 50 多歲，卻已滿頭銀絲了。

孫武對世俗的功名利祿之所以如此淡泊，是因為他對官場生涯有著清

醒而深刻的認識。爾虞我詐、阿諛逢迎、嫉妒和憎恨、陰謀與權變，如履薄冰，戰戰兢兢，稍有不慎就可能身敗名裂，實在是太險惡了。

特別是闔閭登基為王和伐楚勝利後那種殘忍、驕橫、奢侈的做法，使他不寒而慄。急流勇退是最佳的選擇，否則前景不可預料。

這時，吳王又準備開始了新的軍事行動，吳楚大決戰，吳國最終以少勝多，以近制遠，興師千里，打垮了強大的楚國，這使吳王闔閭爭霸天下的野心日益膨脹。吳王闔閭把爭霸的目標對準了北方的齊、晉兩國。

吳王闔閭決定先拿齊國開刀。齊景公得到吳國伐齊的消息，驚恐不已，懾於壓力，不得不忍痛將自己的愛女作為人質，遠嫁吳國，闔閭才暫時停止了伐齊的軍事行動。這次軍事行動，孫武一直在家，完全沒有參與。

後來，孫武的妻子去世了，孫武懷著悲痛的心情，埋葬了自己多年的妻子，他們在一起的時間太少了。聽說越王允常去世，他兒子勾踐即王位，闔閭趁越國喪的時機，準備發兵伐越。

孫武皺起了眉頭，喃喃地自言自語：「乘人之危可是最不仁義的做法，大王這樣做上天絕不會助佑的，子胥為什麼不阻止這次不義的戰爭行動呢？」

當時孫武真想去找伍子胥，讓他說服闔閭停止這次軍事行動，讓老百姓休養生息，但他轉念一想，自己已經退出政界，還是不要再去參與了。

西元前 495 年，吳王闔閭終於召集了數萬大軍，向南開拔，新繼位的越王勾踐親自帶兵迎敵，雙方展開了一場大戰。

結果闔閭被越國大將靈姑浮砍斷腳趾，後來，傷口發炎，死在吳軍後撤的路上。因太子波已死，闔閭死前把王位傳給了夫差。夫差是個輕浮、傲慢而薄情的人，孫武開始為吳國和伍子胥的命運擔心憂慮起來。

暗中幫助吳國稱霸

吳王夫差繼位後，發誓要報勾踐殺父之仇，他一邊為父親守孝，一邊開始著手做好攻打越國的一切準備。

夫差等到大孝 3 年期滿，已經基本做好了大舉伐越的準備，夫差和伍子胥等人多次召開軍事會議，討論攻打越國的事情。

一次，吳王夫差對相國伍子胥說：「這次攻打越國，就要倚仗相國的力量了。」

伍子胥說：「為國效力，為大王盡忠，是做臣子的職責，微臣一定盡心竭力，輔佐大王。」

「那關於這次出征，相國還有什麼好的建議嗎？」

這時伍子胥想到了孫武，就建議說：「攻打越國，必須得請孫武出山，大王如果只想取得一兩次戰役的勝利，也許有為臣就已經夠了，如果大王想滅掉越國，那必須得借助孫武的力量。」

吳王夫差說：「那好吧！還請相國出面邀請。」

第二天，伍子胥專門到孫府來拜會孫武。寒暄過後，子胥說出了來意。

「孫先生，」伍子胥真誠地說，「想當初，我們一同輔佐先王，把吳國建設到了今天這樣的成就，如果前功盡棄，不但百姓塗炭，您就忍心嗎？大王夫差及其寵臣一心急於報仇雪恨，卻又沒有一個切實可行的作戰計劃，一旦失利，後果不堪設想啊！」

孫武感嘆於伍子胥這樣一個聰明人，卻又終日擺脫不了名利權勢之爭，反而對人生最重要的事情視而不見，於是委婉地說：「我是個過時的人物了，好比四季所穿的衣服，春有春裝，夏有夏裝，如果夏天卻穿皮裘，不是太荒謬了嗎？」

孫武一邊說，一邊看了看伍子胥，希望他能夠明白自己的意思。

「我只希望把世事忘得一乾二淨，也希望世人把我忘得一乾二淨。聰明的人不但要合乎時宜，還要儘量把個人和世界接觸的範圍縮小。」孫武繼續說。

孫武所說的是真心話，同時也在暗示子胥，要他隱退林泉，終享天年。

然而伍子胥一門心思要動員孫武出山，並不理會他的這些話，只是一個勁勸說他為國效力。

孫武已經看出子胥態度的堅決了，強行拒絕似乎於公於私都不人好，於是建議說：「再度出仕可能性不大了。不過，既然您專程來家裡找我，我就貢獻一點伐越的戰策吧！好嗎？」

子胥無奈，只得答應。孫武想了想，慢慢地說：「夫差為了征越而銳意練兵，越王勾踐肯定會有所防備。勾踐年少氣盛，又在3年前擊敗了吳軍，一定心驕氣傲，不以為意。」

孫武一邊說，一邊端起茶杯喝了一口清茶。

「不過越國的大夫文種、將軍范蠡卻都是聰明絕頂的人物，他們又一定會阻止勾踐輕舉妄動而以固守為其策略。問題的關鍵是要千方百計地激怒勾踐，使文種、范蠡的約束失敗。我有一個辦法可以達到這一目的。」孫武繼續說。

說到這裡，孫武沈默了片刻，好像在想什麼，然後他才繼續說：「我們可以派出一支輕騎兵，人數不要很多，五六千名即可，先從太湖渡船南下，在越國的西北方登岸，不斷向越軍挑釁，轉戰南北，靈活機動。」

孫武看伍子胥全神貫注地在聽，就又繼續說：「這樣做的目的，就是惹惱勾踐，即使文種、范蠡諫止，他也會出擊的。只要勾踐離開越國都城

會稽，我軍主力就由東面直接插入南面，輕取會稽。」

聽到這裡，伍子胥禁不住連聲叫好。孫武擺了擺了手，繼續說下去：「到那時，不管勾踐是否回師往救越都，我軍那支輕騎隊伍都要不斷地擾亂他們，當雙方主力接觸的時候，騎兵隊可在敵人後方鼓噪吶喊，使他們驚慌失措，並不斷地突擊，這樣，越軍首尾受敵，加上吳軍本來就比較強大，勝利是有把握的。」

「嗯！先生所說的太好了，有了這條妙計，何愁小小的越國不破啊！到時一定能活捉勾踐小兒，為先王報仇雪恨。」

「不過還有一點要注意，千萬不要堵住越兵的退路，不要把他們逼到絕路作困獸之鬥，而是讓他大敗而逃，然後趁機追趕，務必全殲敵軍，以絕後患。」孫武補充說。

為了讓自己的思路更加清晰些，孫武喝了一口茶，最後強調說：「這次戰役有三個要點，其一為首先以騎兵隊為誘餌，其二為不塞住敵軍退路，其三為窮追不捨。我的這些策略，只是紙上談兵，僅供吳王和您參考吧！」

伍子胥聽完孫武的話，連聲表示感謝，並說勝利的那一天，一定要來和孫武喝個一醉方休。

孫武笑笑說：「好，我等著那一天，希望那一天我們能夠一起退居山林，笑傲江湖。」

最後伍子胥向孫武告別，到宮中給夫差說明了情況，夫差聽孫武沒有請來，但聽了伍子胥帶來的攻越妙計，很是滿意，也就沒有再說什麼。

西元前 494 年初，夫差決定興師伐越。吳、越兩軍在夫椒，即今蘇州市吳縣西南太湖中相遇，戰鬥異常激烈。

在孫武、伍子胥的策劃下，吳軍在夜間佈置了許多詐兵，分為兩翼，高舉火把，只見在黑暗的夜幕中火光連成一片，迅速向越軍陣地移動，殺

聲震天，越軍驚恐萬狀，軍心動搖。

孫武多年來在太湖訓練的水師也發揮了作用，各種戰船相互輔助，攻守兼長。越軍抵擋不住吳軍的強大攻勢，不得不倉皇退逃。

吳王夫差指揮大軍緊追不捨，步步進逼，深入到越國腹地。勾踐知道大勢已去，率軍退回到都城會稽，即今浙江紹興市。

吳軍不久又追到會稽，勾踐害怕遭受城破、君亡、國滅的厄運，便帶著 5,000 名殘兵逃出都城，跑到會稽山上，想憑藉山險固守。

吳軍乘勝一舉攻占了越國都城，馬上揮戈出城，把會稽山團團圍住，時間一長，越軍內無糧草，外無援兵，只得向吳國請降。

吳王夫差不顧伍子胥等的竭力反對，接受了勾踐提出的謀和、稱臣並每年向吳國進貢的要求，越國得以保存。

然後，夫差率軍回國。吳國攻伐越國取得了前所未有的勝利。吳國在諸侯國中的影響更大了。

在擊敗越國後，吳王夫差爭霸的雄心更足了，可以說比起他的父親闔閭絲毫不差，吳越戰爭結束後，夫差又用了整整 10 年的時間做伐齊、伐晉的戰前準備。

在這 10 年中，夫差一共辦了三件大事：征服魯國，迫使魯國與吳國訂立了城下之盟；制服陳國，關閉了楚國從側翼攻擊吳軍的門戶；開鑿邗溝，溝通了由長江進入淮水的舟師運輸水道。這三件大事完成以後，夫差北上爭霸的時機成熟了。

西元前 484 年春天，吳軍舟師連同越王勾踐派出的 3,000 名援軍，在吳王夫差的率領下，浩浩蕩蕩從吳都附近的太湖出發，越長江，經邗溝，抵淮水，再溯淮西上，然後轉入泗水北進，與已被迫會盟的魯國軍隊會合，組成聯軍。

接著，順汶水，即今山東大汶河而上，五月，攻下博地，即今山東泰安市南部地區。

五月二十五日，到達嬴地。然後，經長勺，抵達淄水上遊的艾陵，與前來抵禦的齊軍相遇。

五月二十七日，兩軍在艾陵擺開戰場，展開激戰。由於吳、魯聯軍人多兵強，齊軍最終寡不敵眾，敗下陣來。

艾陵一戰，吳軍俘虜了齊國 5 位將軍，繳獲 800 餘輛戰車，斬殺齊軍 3000 餘人，取得了伐齊戰爭的決定性勝利。

接著，吳王夫差威逼齊國與吳國訂立和約。在大兵壓境的險惡形勢下，齊簡公不得不與吳國訂立了城下之盟。夫差實現了北威齊、晉的第一個目標，下一個目標直指晉國。

西元前 482 年，吳王夫差親自率領吳軍主力，踏上了伐晉的征程。

吳軍仍然從吳都附近的太湖出發，越長江，沿邗溝、淮水、泗水、濟水，一路北上，到達宋、衛、鄭、晉四國交界的黃池。

面對吳、魯聯軍的突然進攻，晉定公一時無計可施。他派出一名大夫到吳軍陣前探問吳王夫差興師挑戰的原因和目的。

吳王夫差對晉大夫說：「現在周王室衰弱困窮，諸侯中已無人履行向王室納貢的義務。我是奉周天子的命令，歷盡艱辛來此與貴國國君會盟的。不過盟主由晉定公擔任，還是由我來擔任，今日就要決定下來！」

懾於吳、魯大軍壓境，晉定公不得不與吳王夫差、魯哀公在黃池舉行會盟儀式，把霸主的地位拱手讓了出來。

吳王夫差在這次盟會上，以強大的軍事力量作後盾，爭得霸主的地位，成為讓當時其他各國懼怕的軍事力量。

孫武雖沒有直接參加攻齊取勝、與晉爭霸兩事，但在此前孫武精心訓練軍隊和制定軍事謀略，對夫差建立霸業有不可抹殺的巨大貢獻，在某種

程度上說，吳國這些軍事戰爭的勝利，是離不開孫武在吳國打下的雄厚基礎的。

　　北威齊、晉的結果，使吳王夫差成了名正言順的春秋霸主，吳國也成了威震天下的春秋霸國。

再次要求隱居山林

吳王夫差繼位後，雖能繼承父業，爭當霸主，但其生活極其奢侈、腐化。隨著吳國霸業的蒸蒸日上，夫差在朝政上也逐漸變得獨斷專橫、自以為是。

夫差不再像以前那樣勵精圖治，對孫武、伍子胥這些功臣也不再那麼重視，反而重用奸臣伯嚭。

伯嚭收受了越國的巨額賄賂，充分利用受到夫差寵信的合法身分和手中掌握的權力，離間夫差和孫武、伍子胥等忠臣賢士的關係，結黨營私，借刀殺人。夫差的狂妄孤行，伯嚭的貪婪禍國，吳國宮廷內的鉤心鬥角、傾軋爭鬥，這一切孫武看得十分清楚。

孫武機敏地覺察到吳王夫差在奸臣的誘惑下，作出了錯誤的決策，執行了極其錯誤的戰略方針，已經不可救藥，無法扭轉。

孫武深知「飛鳥絕，良弓藏；狐兔盡，走狗烹」的道理，他不願重蹈叔父田穰苴的覆轍。所以孫武最終在吳楚戰爭結束的時候自己就急流勇退了，他知道著述兵法以教後人才是自己的選擇。

不過，現在的吳國京城也不能再待下去了，這是一個是非場、名利場，不是自己應該待的地方。

孫武向夫差正式提出了離開京城、歸隱山林的打算。

夫差讓伍子胥再三挽留孫武，但孫武此時已是去意已決，不可動搖。臨別之時，孫武與伍子胥進行了深談。

孫武暗地裡再次勸好友伍子胥：「你知道自然運行的規律嗎？自古暑往則寒來，春還則秋至。」

見好友沒有多少反應，孫武只好向伍子胥直接說明。他說：「吳王夫

差現在自恃強盛，四境平安，就奢侈無度，荒廢朝政。如果我們功成名就還不懂得隱退，那將來必定會有後患的。我並不是只想自保，也是想著保全自己的家小啊！」

可是，伍子胥聽了以後，非常不以為然。不過他看孫武的去意已定，已經沒有迴旋調和的餘地，只得向吳王夫差稟報。

夫差與孫武沒有多少感情，只是因為他是老臣，才出言挽留，並沒有多少真正挽留的意思，所以也沒多說。

不過，為了酬答孫武在奠定吳國基礎和伐楚爭霸大業中所建立的殊勳，夫差把鄰近越國的一個叫做富春的地方贈送給他，作為他世居的領地。同時，吳王夫差念孫武戰功卓越，臨別贈送了金帛數車。但是孫武沿路全部散發給了貧困百姓，瀟瀟灑灑地走了。

孫武走後，伍子胥未聽從孫武的勸告，在越國的問題上繼續一而再、再而三地向夫差進諫。

伍子胥的苦諫，夫差根本聽不進去，甚至厭惡反感，日久就疏遠他，咒罵他。兩年後，吳國大敗越國，越國派人給伯嚭送上厚禮，想讓伯嚭在夫差面前美言促成求和的工作，讓夫差答應越國求和。伍子胥認為應抓住時機滅掉越國，消除後患，乃進諫夫差，阻撓和議。

怎奈吳王夫差只聽信伯嚭之言，惑於越王勾踐甘願來吳國為奴的「誠意」，對伍子胥的進諫不勝其煩，竟答應與勾踐言和。

勾踐忍辱負重，臥薪嘗膽，陰圖復仇。伍子胥察知勾踐志存遠大，乃再次進諫，說勾踐「此人不死，必為吳患」。但夫差不僅不聽，反而更加疏遠伍子胥。

過了4年，夫差不顧伍子胥的極力反對，竟將勾踐釋放回國了。

夫差嫌伍子胥老說些逆耳之言，便乾脆讓伍子胥出使齊國，也好耳根子清靜。伍子胥至齊國後，對隨同在側的兒子說：「我屢次進諫，吳王

都不聽，我如今要看到吳國亡國了。你不應與吳國一起亡掉。」遂將兒子留在了齊國。

他將兒子留在齊國，似乎還有一層用意，就是打聽孫武的下落。因為孫武的老家就在齊國。孫武歸隱時，是打著回老家探親的幌子走的。所以有人說，孫武是回到了齊國。

伍子胥讓兒子留在齊國，或許是希望能找到孫武，助其子一臂之力吧！不想伍子胥回國之後，便面臨著死亡。

他將兒子留在齊國，成了他的一大罪狀。伯嚭向夫差進讒，說伍子胥為人剛暴，愛發牢騷，恐怕會成為吳國之患。而且伍子胥將兒子留在齊國，作為人臣，稍不得意便外倚諸侯，陰謀叛逃，希望夫差早點防備他。

夫差對伯說：「就是你不提醒我，我也對伍子胥有了疑心。」便派人給伍子胥送去屬鏤寶劍，令其自裁。

伍子胥臨死之時，一定悔恨莫及：「孫先生，悔不該不聽你的勸告，以至有今日之禍！」

如今，他想隨孫武而去、歸隱鄉曲做個平民百姓，已是不可能的了。富貴誤人，以至於斯！

自刎前，伍子胥對其家人說：「我死之後，將我的眼睛挖出來掛到吳國東門之上，我死也要看越國是怎麼滅掉吳國的！」

令他臨死前感到欣慰的是，他在孫武的幫助下，終於報了父兄的血海深仇，可以到地下面見其正直的父親和仁厚的兄長了……

伍子胥死後，吳王不予安葬，命人將伍子胥的屍體裝在一隻皮袋裡，扔到江中。伍子胥不聽孫武忠告，只落得如此悽慘的下場。同樣落得悽慘下場的還有重用讒臣、錯殺忠良的吳王夫差。

西元前482年，經過10年生聚、國力大增的越國，趁吳國大軍在外、國內空虛的時機，突然起兵襲擊吳國。

越王勾踐親自帶領越國大軍，採取從後方襲擊的作戰方式，沿海北上，然後逆淮水向西，以堵截吳國大軍的回路，再分兵南下，直插吳都。這一次越軍攻入吳都，使吳國損失慘重，加上連年征戰，兵力消耗，生產荒廢，民力凋敝，吳國從此一蹶不振。

第二年冬，吳國要求與越國媾和。此後，在夫差十八年、夫差二十一年，越國又先後兩次攻伐吳國。

夫差二十三年，越軍在勾踐的率領下，先敗吳軍於笠澤，又困吳軍於都城，最後攻陷吳都。

吳王夫差被迫棄都逃到餘杭山，即今吳縣西部陽山一帶。

越王勾踐率軍窮追不捨，夫差進退無路，愧恨交加，在勾踐的逼迫之下，自刎身亡。強大的吳國最終被越國滅亡了。

最後不知所蹤

孫武歸隱山林以後，整日與吳地的青山碧水相伴，同家人在一起悠閒自在，享盡天倫之樂。次子孫明、三子孫敵都已成人，孫武既是父親，又是老師，悉心傳授孩子們軍事理論和謀略思想。

在盡享幽靜環境、休閒氛圍的日子裡，孫武取出從前寫的兵法十三篇簡冊，讓兩個孩子和他一起系統地進行修改和完善。

孫武首次晉見吳王闔閭時呈獻的兵法十三篇，是在全面總結前人關於戰爭經驗的基礎上，結合自己的考察體會寫成的。

其內容側重於迎合吳王「西破強楚、爭霸諸侯」的強烈願望，針對楚、越、齊、晉等周邊鄰國的情況，提出戰而能勝的戰略戰術思想。

孫武經過長達十幾年跟隨吳王闔閭、夫差和好友伍子胥征戰南北的實踐檢驗，其基本理論是正確的，但也有些內容需要作進一步修改闡明和發揮。孫武根據自己長期從事軍事戰爭的實踐經驗，以及吳國最終被越國滅亡的教訓，對原來的兵法十三篇進行了增補和修改，使這部兵書更加完善，逐漸成為兵學思想的寶庫、兵家理論的經典之作。

孫武生前把兵法十三篇悉心傳授給了兩個兒子。其中次子孫明最聰明伶俐，領悟力最強，所以深得孫武喜愛。孫明在兵學方面的造詣最深，其後立有戰功，被越王勾踐封賜世襲富春采地。孫明的後裔孫臏，成為戰國時期傑出的軍事家，著有《孫臏兵法》傳世。

孫武歸隱後的最後去向，由於史無明載，已成為一個永遠難以索解之謎。一般人的推測是，他依舊留在吳國，隱居鄉間修訂其兵法著作，直到默默去世，死後也葬於吳都郊外。

孫武的歸宿或許也可能是另外一種情況，即他因懷念故土而輾轉返回

齊國隱居。因為孫武的後人孫臏就生在齊國，所以這種可能性不是不存在的。

歸隱後的孫武有可能活到眼見吳國滅亡的這一天。西元前 473 年，越軍占領吳國都城，夫差走投無路，自刎而死，一個曾經一度欣欣向榮的強國就此徹底滅亡了。如果歸隱後的孫武果真看到這樣的局面發生，其心情必然是痛苦不堪的，因為吳國畢竟是他曾經嚮往、投奔，並為之長期辛苦經營、施展才能的地方。

這種打擊，對一個垂暮的老人來說，其沉重的程度可想而知。

很有可能的是，孫武痛惜自己爭戰多年強大起來的吳國就這樣敗亡了，追恨自己的壯志未酬，因而心情鬱悶、愁緒綿綿，以至時隔不久便撒手人寰，齎志而歿了。

最後，值得特別大書一筆的是，孫武在臨終前的最後一段日子裡，儘管思想苦惱，精神上備受煎熬，可是卻依然始終沒有放棄對戰爭規律的執著探索和理論總結，以求為後人們提供有益的啟示。

這在他的兵法著作中有明顯的反映。《孫子兵法·作戰將》說：「夫鈍兵挫銳，屈力彈貨，則諸侯乘其弊而起，雖有智者，不能善其後矣。」

《孫子兵法》中這些話，顯然是孫武對夫差放鬆對世仇越國的警惕，舉兵北上，爭當盟主，導致越國乘隙進攻，亡國破軍歷史悲劇的深刻總結。

由此可見，偉人的生命是有限的，偉人的精神卻是不死的，它超越時空，永放光彩！有的人死了，但依然活著。孫武正是如此。

《孫子兵法》的影響

孫武的一生，除了其赫赫戰功以外，更主要的是他給後人留下了不少珍貴的論兵、論政的篇章，其中尤以流傳下來的《孫子兵法》最著名。

《孫子兵法》十三篇，集中、完整地體現了孫武的軍事謀略思想。

孫武的軍事思想具有樸素的唯物論和辯證法觀點。

孫武在其兵法中科學概括和總結了異常豐富、多方面的哲學道理，從而確立了他在春秋末期思想界中與孔子、老子的並列地位，被併稱為春秋末期思想界上空的三顆明亮的星體。

孫武的軍事理論並非沒有缺點、錯誤，但遠遠超出了同時代的兵法著作，也以其卓越的見識深深影響了後世，受到古今中外軍事家的廣泛推崇。

中國《孫子兵法》研究史大致可分成 7 個時期。

遠古至春秋是孫子兵法的孕育產生時期。學界一般認為，《孫子兵法》產生於中國春秋末期，也有人認為成書於戰國或更後者。

關於此書的作者，多認為係孫武親著，又經後人校理。對於孫武的生活時代，學術界也有不同觀點，一般認為是春秋末期人，大約與孔子同時。

《孫子兵法》在產生以前，應經歷了一個較長時期的孕育過程。其產生的因素是多方面的，主要有以下幾點：中國遠古以來，特別是春秋時期頻繁、激烈、多樣的戰爭是《孫子兵法》產生的源泉。此前已有的兵學理論成果，如《軍志》、《軍政》、古《司馬法》、令典等，是《孫子兵法》躍上兵學峰巔的階石。

春秋時期的社會思潮，特別是關於「道」、「仁」、「陰陽」、「保民」等的理論，是《孫子兵法》形成的文化因素。

　　當時崇武尚智的齊文化是培育《孫子兵法》這朵軍事理論奇葩的沃土。

　　孫武個人的天賦與努力，則是《孫子兵法》產生的主觀因素。

　　另外，中華民族在先秦時期就已經形成的統體思維、辯證思維、象類思維等思維方式對《孫子兵法》理論體系的構築起了指導性作用。

　　這是《孫子兵法》之所以產生在中國而沒有產生在外國，之所以產生在春秋時期而沒有產生在其他時期的主要原因。

　　戰國至秦漢是孫子兵法的增益和早期校理時期。

　　《孫子兵法》十三篇於西元前 512 年在吳國問世後，並未迅速廣泛傳播開來。

　　究其原因，大致有吳國朝廷對兵法秘而不宣，當時傳播媒介落後，社會上重禮輕詐觀會對此書的貶斥，其價值未被時人所發現等幾個方面。

　　到了戰國時期，此書才開始廣泛傳播，出現了中國歷史上最早的孫子熱，當時達到了家家都有《孫子兵法》的地步。

　　之所以會出現這種狀況，《孫子兵法》自身以「出奇設伏」、「變詐」取勝為主要內容的軍事理論，適應了當時軍事鬥爭、政治鬥爭、外交鬥爭的需要，是其基本原因。

　　另外，孫武的後人孫臏對《孫子兵法》卓有成效的宣傳和運用，則是其直接原因。

　　值得注意的是，孫武后學在這一時期對孫子「十三篇」做了大量解釋、闡發、增益的工作，銀雀山漢墓出土的《吳問》、《四變》、《黃帝伐赤帝》、《地形二》、《見吳王》等，均應是他們解釋、闡發、增益「十三篇」的作品，並被放到了《漢書·藝文志》著錄的《吳孫子兵法八十二篇》之內。

　　總之，在這一時期，《孫子兵法》在「十三篇」的基礎上有了較大的擴增。

　　到了漢代，官方組織人力，對《孫子兵法》進行了三次較大規模的整理。

　　第一次是在漢高祖時，時間大致在高祖六年至高祖十一年之間，由張良、韓信進行了整理。

　　第二次是在漢武帝時，由軍政揚僕再次進行了整理。

　　第三次是在漢孝成帝時，由任宏進行整理，當時的所有兵法分為「兵權謀」、「兵形勢」、「兵陰陽」、「兵技巧」4種，《孫子兵法》位在「兵權謀」的首位。

　　這三次的整理對《孫子兵法》的定位、定型和流傳都具有重要意義。

　　魏晉至隋唐是孫子兵法削繁和注釋時期。

　　曹操當時寫了《孫子略解序》，對《吳孫子兵法八十二篇》進行了批評。

　　不過曹操只選了其中的十三篇進行了注解，稱《孫子略解》，因而使孫子兵法十三篇得以廣泛流傳，其餘的篇目因為沒人關注，陸續散佚丟失了。

　　曹操《孫子略解》的問世，代表著《孫子兵法》真正進入了注解的時期。

　　曹操注重文字訓解，但他本人又是軍事家，更重實際運用。因此，曹操的評論對後世有重大影響。

　　魏晉南北朝時期除了曹注孫子之外，還有東吳沈友撰《孫子兵法》、賈詡《鈔孫子兵法》，曹操、王凌集注《孫子兵法》、張子尚《孫武兵經》、《孟氏解說》等。

總體而言，這個時期的注文大都比較簡略，偏重文字訓詁，表現了《孫子兵法》早期注解時期的特點。

隋唐五代是《孫子兵法》注釋的高峰時期，這一時期注解《孫子兵法》之書主要有：隋代的《蕭吉注孫子》、唐代的《李筌注孫子》、《賈林注孫子》、杜佑《通典》中的訓解《孫子》、《杜牧注孫子》、《陳皞注孫子》、《孫鎬注孫子》、《孫燮集注孫子》、五代的《張昭制旨兵法》等。

宋人輯的《十一家注孫子》中，唐人就占了五家。除注家多外，這一時期的注孫子還具有另闢蹊徑、糾謬補缺、義詳例豐、整體把握等特點。較魏晉南北朝時已有較大進步。

例如唐代的李筌已注意從整體上把握孫子的思想，他用《遁甲》對《孫子》進行注解，成為一家言。杜牧的注解縱談橫論，廣徵博引，多有新見。

這一時期在運用《孫子兵法》指導實踐方面也卓有成效，人們注意總結新的經驗教訓，從而進一步豐富和發展了《孫子兵法》的軍事思想。

《孫子兵法》在唐朝時傳入了日本，開始了在國外的傳播。

宋代是武經首位確立時期。宋朝自仁宗起，官方就重視兵學研究和整理，至神宗，诏令司業朱服、武學教授何去非校定《孫子兵法》等7書，號武經七書，以官方名義頒行，同時，重辦武學，用7書作為考試內容。

至此，以《孫子兵法》為首的七部兵書，在一定意義上說，取得了與儒家經典同等重要的地位。此後各代率相尊奉，其武經之首的地位一直得到了官方的肯定，《武經》本《孫子兵法》成為後世流傳的最主要的版本。

宋朝前期的《孫子兵法》研究以官方組織為主。到了後期，則以私人著述為主，反映了戰亂年代整個社會對《孫子兵法》研究的重視。

這方面的代表作是大約成書於兩宋期間的《十家孫子會注》，學界一般認為，此書就是存世的《十一家注孫子》。

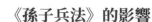

《孫子兵法》的影響

由於輯者將各家之說輯在了一起，具有重要的軍事和史料價值，因而成為後來研究《孫子兵法》者的必讀之書。此書的校定刊行，是宋人對孫子研究作出的重大貢獻。

此後的孫子書，以《武經》本《孫子兵法》和《十一家注孫子》這兩個版本為底本不斷繁衍，形成了傳世版本的兩大基本系統。

《梅聖俞注孫子》、《張預注孫子》、鄭友賢《孫子十注遺說》、施子美《七書講義》等，代表了這一時期《孫子兵法》注解的新水平，對後世影響較大。

尤其是張預注，集諸家之長，成一家之言，博而切要，多有發明，文字亦好，有杜牧之風。

另外，此時還出現了西夏文《孫子兵法》，這是迄今所見最早的國內少數民族文字譯本。

總之，宋代在孫子文獻研究方面有突出成就，在版本校勘、注解講義、專題研討、兵書合刻、集注匯解、分類輯編、少數民族文字翻譯等方面，均有成果傳世。

特別是《武經》本《孫子》和《十一家注孫子》的編定刊行，深益後世，功不可沒。

但宋人對《孫子兵法》軍事理論體系的系統研究和應用理論研究進展不大，理論與實踐脫節嚴重，實際運用是其薄弱環節。其成就和教訓對後世均有深刻影響。

明清是孫子兵法的闡發和考據時期。如果說宋代施子美的《七書講義》開疏解闡發《孫子兵法》之先的話，那麼，明清就是《孫子兵法》疏解、闡發和考據的大豐收時期。

劉寅的《孫子直解》、趙本學的《孫子書校解引類》、李贄的《孫子參

同》、黃獻臣的《武經開宗》、朱墉《孫子匯解》、顧福棠《孫子集解》、黃鞏《孫子集注》等，都注意在理論闡發上下功夫，而不僅僅是注字訓詞，其講解多有新見，且更注意了系統性，指導性，體例也更趨完備。

李贄主張把《七書》與《六經》合為一體，王陽明合心學、兵學於一體，戚繼光融兵學、儒學於一爐，並注重應用理論研究，將《孫子兵法》高深的理論具體化為一系列切實可行的方法。

清代的顧福棠、黃鞏等開始將《孫子兵法》和西方的軍事理論相結合，在《孫子兵法》研究史上具有開拓性的意義。

明、清兩代的許多將領和學者將《孫子兵法》的珅論用之於海防建設、火器戰法等，提出了一些新的理論和觀點，在《孫子兵法》研究史上閃耀著特有的光輝。

另外，這一時期以服務於武科應試為目的的武闈孫子研究，重視對《孫子兵法》的義理闡發，具有積極和消極的雙重作用。

與偏重講解《孫子兵法》義理研究相對應的，是清代中期有關孫子的考據研究。其代表人物有孫星衍、畢以珣、章學誠等人。

孫星衍等人在關於孫子事蹟、《孫子兵法》成書時間、篇數和內容、文字校訂和注釋等方面作了深入考究，提出了許多新的見解。

特別是孫星衍據華陰《道藏·孫子》為底本、參《通典》、《太平御覽》等書校訂而成的《孫子十家注》，糾正了原書的不少錯誤，刊行後，廣泛流傳，成為《孫子兵法》流傳的最主要的版本之一，改變了自宋以來主要靠《武經》本《孫子兵法》流傳的單一格局。但他的這一版本因所見資料不全也出現了新的錯誤。

這一時期的《孫子兵法》研究在方法上仍主要承襲前朝，在內容上創新不足，特別是在清朝時期，西方軍事理論已有長足發展，清人卻仍抱殘

守缺，故步自封，研究氣氛沈悶，成果內容呆滯，表現出中國古代孫子研究即將終結的徵兆。

民國是近代中西軍事融合時期。民國時期的孫子研究和古代孫子研究相比，有了重大變化。

一是《孫子兵法》與火器條件下的戰爭實踐結合緊密，在戰役戰術乃至戰略思想上均有新的重大發展，和冷兵器時代諸注家闡發的理論相比，已有了質的飛躍。

二是《孫子兵法》的理論與西方軍事理論在碰撞中相融合，已不單是閉關鎖國的近親繁衍，使孫子研究因獲得新生而表現出某種生機勃勃的氣象。

三是注重對《孫子兵法》的軍事理論進行系統闡發，而不只是訓字、注詞、解句、講章，已初步將《孫子兵法》的軍事理論概括為戰爭問題、戰爭指導、戰略戰術、治軍思想等幾個方面，進行比較系統的論述，為現代人更科學地概括《孫子兵法》的軍事理論框架打下了基礎。

這一時期較有影響的著作有：蔣方震、劉邦驥《孫子淺說》、李浴日《孫子兵法之綜合研究》、錢基博《孫子章句訓義》、陳啟天《孫子兵法校釋》等。

近代雖然時間短暫，但卻是《孫子兵法》研究史上一個極為重要的轉折時期，它標誌著中國古代孫子學的終結，孫子研究新時代的開始。

郭化若《孫子譯注》、銀雀山漢墓竹簡整理小組《銀雀山漢墓竹簡（壹）·孫子兵法》、吳如嵩《孫子兵法淺說》、楊丙安《孫子會箋》、陶漢章《孫子兵法概論》、吳九龍《孫子校釋》、李零《〈孫子〉古本研究》等，各以其特有的光彩流傳於世。

尤其是漢簡本《孫子兵法》版本系統的出現，打破了《武經》本和

十一家注本《孫子兵法》兩大基本版本系統流傳的格局，影響重大，意義深遠。

這一時期的論文更如雨後春筍一般層出不窮，這些論文大多不拘成說，不但在《孫子兵法》版本流傳、文字校勘、注釋訓解、軍事思想闡發、哲學思想研究等方面頗多建樹，而且開闢了多學科、多領域研究的新局面。

有的從系統論入手，有的從決策學著眼，有的從管理學探討，還有的從經濟學、預測學、談判學、語言學、心理學、邏輯學、地埋學、數學、醫學等不同角度進行研究。

《孫子兵法》的非軍事運用研究逐步成為《孫子兵法》研究中的一個重要分支。從而使孫子研究逐步成為一門專門的學問，這就是「孫子學」。

孫了學的確立，進一步促進並規範了《孫子兵法》的研究，使之更加繁榮而有序地蓬蓬勃勃地發展起來。

《孫子兵法》不僅在中國影響巨大，在世界上也是首屈一指。它是世界上最早的一部軍事理論著作，比歐洲克勞塞維茨寫的《戰爭論》還早2300 年。

它在中國被奉為兵家經典，後世的兵書大多受到它的影響，對中國的軍事學發展影響非常深遠。

《孫子兵法》也在越南、朝鮮、日本、以色列乃至英、德、俄等國廣泛流傳。

據粗略統計，迄今為止，《孫子兵法》在世界上已有漢、日、英、俄、朝、意、德、捷、羅、希伯來、丹麥、希臘、西班牙、阿拉伯、越南、緬甸、泰國、馬來西亞等 19 種語言的近 800 種版本。

《孫子兵法》的影響

　　《孫子兵法》榮膺「世界第一兵書」、「兵學聖典」的美譽，孫武本人也被世界各國的兵家學者公認為「東方兵學鼻祖」。不少國家的軍校把《孫子兵法》列為教材。

　　據報導，1991年波灣戰爭期間，交戰雙方都曾研究《孫子兵法》，借鑒其軍事思想以指導戰爭。

　　《孫子兵法》的意義，不僅僅是一部軍事著作，它更代表著炎黃子孫的智慧、思想、文化，是幾千年華夏文明的結晶，是中華文明的智慧根基、源泉。

　　現代人尊孫子為「兵聖」，而以色列當代戰略學者克里費德之言可以代表國外的總評：「所有戰爭研究著作中，《孫子》是最好的，而克勞塞維茨的《戰爭論》則只能屈居第二。」

　　在現代，孫子兵法的作用遠遠不再侷限於一本軍事著作的範疇，它還被廣泛運用於政治鬥爭、商業競爭等社會生活的方方面面。給我們提供了許多思考問題、解決問題的方法，使我們辦起事來多幾分智慧，少走些彎路。

附錄 ：孫武年譜

西元前 552 年，孫武出生。

西元前 544 年，孫武 8 歲，開始上學。

西元前 541 年，孫武在齊。晉趙武死，韓宣子執晉政。

西元前 539 年，孫武在齊。齊國田氏放貸，大斗出，小斗進，收買民心。

西元前 538 年，孫武在齊。楚靈王與陳、蔡等攻吳，破朱方，執殺齊慶封。

西元前 537 年，孫武在齊。楚國聯合越國進攻吳國，在鵲岸大敗。

西元前 536 年，孫武在齊。楚國進攻徐國，吳國人幫助徐國，楚國令尹攻吳，在房鐘大敗。

西元前 535 年，孫武在齊。楚靈王六年，章華之宮落成，召魯國國君慶賀，魯昭公不得已赴楚。

西元前 534 年，孫武在齊。楚滅陳。

西元前 532 年，孫武在齊。田、鮑二氏攻欒、高，欒施、高強奔魯。田桓子對貧困孤寡者都發給糧食，勢力益大。

西元前 531 年，孫武在齊。楚靈王誘殺蔡靈侯，以公子棄疾為蔡公。吳王餘祭死，弟餘昧立。

西元前 530 年，孫武在齊。楚國派兵圍攻徐國以威脅吳。

西元前 529 年，孫武在齊。楚平王繼位。

西元前 528 年，孫武在齊。楚平王初立，恐怕國人及諸侯叛亂，採取了惠民政策，結好鄰國，息兵 5 年。

西元前 527 年，孫武在齊。吳王餘昧死，吳王僚立。

西元前 526 年，孫武蒙山求學。

西元前 525 年，孫武在齊。吳王僚攻楚，在長岸大敗，失王船「餘皇」，公子光夜襲楚軍，奪回「餘皇」。

西元前 524 年，孫武漫遊天下，考察古戰場。

西元前 523 年，孫武漫遊天下，田書因伐莒功大，景公賜姓孫，食采於樂安。

西元前 522 年，孫武在齊，博覽群書，研究歷代戰爭兵法理論，作著《兵法》的準備工

作。伍子胥奔吳。

西元前 521 年，孫武成婚。

西元前 519 年，孫武在齊。吳王僚八年，攻州來。楚與頓、胡、沈、蔡、陳、許之兵往救，戰於雞父，楚軍大敗。

西元前 518 年，孫武在齊。吳滅鐘離。

西元前 517 年，孫武在齊。魯昭公率軍隊攻伐季孫氏，「三桓」聯兵反抗昭公，昭公兵敗奔齊。

西元前 516 年，孫武在齊。楚平王死，楚昭王立。

西元前 515 年，高昭子聯合欒、鮑、田三家反晏嬰，孫憑參與其中，恐遭株連，孫武和妻子奔吳，隱居穹窿。公子光繼位，是為吳王闔閭。

西元前 514 年，闔閭舉伍子胥為行人，伍子胥奉闔閭之命，請孫武出山練兵斬姬。闔閭拜孫武為將軍。

西元前 512 年，吳取分兵擾楚之策，討吳叛臣，斷楚翅翼，滅徐與鐘吾。

西元前 511 年，吳國採取疲楚誤楚的策略，大肆騷擾楚國軍隊，吳國殺掉公子掩余與燭庸。

西元前 510 年，楚聯越伐吳，為吳軍所敗。闔閭使伍子胥增築都城。

西元前 508 年，吳國繼續施行疲楚誤楚的戰略，誘惑桐國叛楚，子常上鉤，率師攻吳，被吳軍擊敗。

西元前 507 年，孫武在吳。楚子常向蔡昭侯索裘及佩玉，又向唐成公索馬，兩君不肯，子常無理扣留唐、蔡二君。

西元前 506 年，子常圍蔡，吳國派兵營救，開始了全面進攻楚國的戰爭。孫武領兵在柏舉大敗楚軍並攻入郢都。

西元前 505 年，秦國救楚國，大敗吳兵，闔閭的弟弟夫概勾結越國自立，闔閭奪回王位。吳軍相繼班師回國。孫武請求辭官閒居。

西元前 495 年，吳王闔閭不顧道義，攻打越國，孫武認為必定會失敗，結果正如所料。

西元前 494 年初，吳王夫差決定興師伐越。伍子胥向孫武問計，孫武幫助出謀劃策。

孫武再次請求歸隱山林。最後的去向，由於史無明載，已成為一個永遠難以索解之謎。

百世兵家之師孫武：

著書立說，進獻兵法，率軍破楚，北威齊晉，南服越人，顯名諸侯！

編　　著：岳展騫，熊偉

發 行 人：黃振庭

出 版 者：崧燁文化事業有限公司

發 行 者：崧燁文化事業有限公司

E-mail：sonbookservice@gmail.com

粉 絲 頁：https://www.facebook.com/
　　　　　sonbookss/

網　　址：https://sonbook.net/

地　　址：台北市中正區重慶南路一段六十一號八
　　　　　樓 815 室

Rm. 815, 8F., No.61, Sec. 1, Chongqing S. Rd.,
Zhongzheng Dist., Taipei City 100, Taiwan

電　　話：(02)2370-3310

傳　　真：(02)2388-1990

印　　刷：京峯彩色印刷有限公司（京峰數位）

律師顧問：廣華律師事務所 張珮琦律師

定　　價：299 元

發行日期：2022 年 08 月第一版

◎本書以 POD 印製

國家圖書館出版品預行編目資料

百世兵家之師孫武：著書立說，進
獻兵法，率軍破楚，北威齊晉，南
服越人，顯名諸侯！/ 岳展騫，熊
偉編著 . -- 第一版 . -- 臺北市：崧
燁文化事業有限公司 , 2022.08
　面；　公分
POD 版
ISBN 978-626-332-590-6(平裝)
1.CST: (周) 孫武 2.CST: 傳記
782.817　111011278

電子書購買

臉書